JN062848

学習者端末　活用事例付

理科教科書の
わかる教え方

3・4年

小森栄治〈監修〉

関澤陽子〈編著〉

学芸みらい社
GAKUGEI MIRAISHA

刊行のことば

　2000年にアメリカの理科教育カリキュラムSEPUP（Science Education for Public Understanding Program）の研修会に参加した際、教科書の分厚さ、内容の豊富さに圧倒された。アメリカの小学校理科教科書には、DNAや同位体など日本の中学校レベルの記載があるほか、単元末に「Careers in Science」という職業紹介のページがあり、とても充実していた。当時日本では1998年版の学習指導要領により、理科は授業時数、内容ともに削減されていたので、たいへん悔しい思いをした。

　ただ、その厚い教科書には、読んで理解させるような説明や考えさせる問いはあるが、観察・実験はほとんどなかった。

　その後もSEPUPのカリキュラム開発者と交流が続いており、最近はオンラインでアメリカの次世代科学スタンダードNGSS（Next Generation Science Standards）や日本の学習指導要領改訂について情報交換している。その際、日本の教科書はアメリカに比べて薄いけれど、児童の観察・実験がたくさんあり、自分たちで発見しながら学習していけるようになっていることを紹介した。すると、「NGSSが目指しているものであり、すばらしい！」という反応があった。

　日本は教科書は薄くても、従来から観察・実験を重視し、児童が問題を解決していく理科教育であった。日本の教師は、「教科書を教える」のではなく、「教科書で教える」技量があるのだ。教科書の厚さだけでアメリカの理科教育に圧倒されることはないのだと認識した。

　2017年の指導要領改訂では、従来に増して探究が重視され、教科書は、

①問題を見つける　　②予想する　　③計画する
④調べる　　⑤記録する　　⑥考える
⑦まとめる　　⑧生かす

のような流れでできている。教科書が探究の過程にそって構成され、児童が問題を見いだし、主体的に観察・実験を行うようになっている。

　一方で、日本では高校で文系・理系のコース分けがある。小学校の教師を目指す学生が、高校で文系だったということが多い。また、大学入試対策を優先しているような高校教育を受けた学生は、観察・実験をほとんど体験していなかったり、探究的な理科授業を受けたことがなかったりする。

　そのため、大学で授業をしていると、理科の観察・実験に苦手意識をもっている学生、探究的な理科授業やICT活用に不安を感じている学生と出会うことが多い。

　ここ数年の教育環境の変化は、明治以来の「黒板とチョーク」の授業からの大変革といえる大きなものだ。本書を手にした読者の中にも、学生同様の不安を感じたり、急速に普及した学習者端末の活用に戸惑ったりした方もいるかもしれない。

　本書の執筆者も最初はそのような戸惑いを感じながらも、新しい教科書と学習者端末を活用した探究重視の理科授業を目指し、試行錯誤したり、学びあったりしている。その実践を集約したのが本書である。

　これからは、「教科書で教える」授業から、「教科書と学習者端末を活用する」授業が求められる。

　デジタル教科書や理科専科の導入など、今後も変化が大きい。本書を参考に、読者のみなさんがさらに工夫をして、児童が熱中して探究する授業、理科の楽しさ、有用性を実感できる授業を実現していただけることを願っている。

向山・小森型理科研究会　代表

小森栄治

まえがき

　本書を手に取っていただいたのは、以下のような理由からではないだろうか。

・新学力づくりとなる理科の授業づくりの実践例に興味がある。

・学習者端末を理科の授業でどのように活用できるのか知りたい。

・理科の観察や実験、結果の共有のさせ方をもっと工夫したい。

　向山・小森型理科研究会では、サークルで授業を検討したり、機関誌やセミナーで実践を発表したりすることで、これらの理科の授業に関する日々の悩みを解消したり、実践を高めたりしてきた。今回、全国の仲間と共に積み上げてきたこれらの実践を、本にまとめることとなった。

　本書には、3年生では自然の事物・現象について追究する中で「差異点や共通点を基に、問題を見いだし、表現すること」、4年生では「既習の内容や生活経験を基に、根拠のある予想や仮説を発想し、表現すること」に視点を当てて、児童が活動できることを意識した実践例を掲載した。

　さらに、1人1台端末を使った授業に関しては、「端末使用に慣れること」「端末を使うことが目的でなく、手段として使えるようになること」を大事にしたいと考え、本書では「教科書のわかる教え方」をベースとして「学習者端末活用」だけでなく、端末使用の前段階としてのノートや黒板等を使った実践も掲載するようにした。様々な端末活用を含め、仲間と検討することで得たノウハウが役に立てば幸いである。

　読んで追試できるように、本書は以下の特徴を備えている。

①オールカラーで見やすい。

②写真やイラストが多く、観察や実験の様子がわかりやすい。

③タイトル欄で単元名や実践の趣旨がわかる。

④発問・指示が枠囲みで示されていて追試しやすい。

⑤児童の反応やノート例で、授業の様子がイメージできる。

　向山・小森型理科研究会のモットーは「理科は感動だ！」である。子どもたちが「理科が楽しい」「理科の学習がわかる」と実感する授業づくりに、本書が役立つことを願っている。

関澤陽子

目　次

序章 児童は端末を使いこなせる！
案ずるより産むが易し ……………………………… 8

向山・小森型理科研究会　代表
小森栄治

3年

4年

序章

児童は端末を使いこなせる！
案ずるより産むが易し

教室で「賢い馬ハンス」の再現はやめよう！
小森のICT活用の舞台裏？ プチ紹介

❶ 今どきの小学生は生粋のデジタル世代

　文部科学省のGIGAスクール構想は、新型コロナウイルス感染症の影響で前倒しになり、児童生徒の1人1台端末や校内ネットワーク環境などが急速に整備された。2020年度から使われている小学校の教科書にはQRコードがあり、児童が動画を見たり、発展的な調べ学習をしたりすることが容易になっている。

　教師自身が小学生のころとは格段の違いがある。ほとんどの教師は自分が受けたことのない授業を新たに行わなくてはならない事態になった。私が理科指導法を担当している大学生（2022年度）でも、端末などICTを活用した授業ができるか不安に感じているくらいだ。

　しかし、案ずるより産むが易しである。今の子どもたちは生まれたときからタブレットやスマートフォンが身近にある世代だ。端末を与えれば試行錯誤したり、仲間と教え合ったりして使いこなしていく。教科や総合的な学習の時間などで、端末を使う機会を増やしていこう。そうすれば、端末が特別なものではなく、筆記用具やノートのような当たり前の学習用具になる。

　理科の実験器具は、操作を誤ると壊れることがある。しかし、端末は落としたりしなければ、操作によって壊れることはない。不具合が起きるとしたら、端末やアプリに問題があるといってもよい。

　あれをやってはダメ、これをやってはダメという指導ではなく、このアプリを使ってどんなことができるかいろいろやってみようと、試行錯誤をする時間をとるようにするとよい。教師が思いつかない利用法を児童が見つけるかもしれない。教師が児童に使い方を教えてもらう場合もあるだろう。

❷ 学習の動機づけが重要

　就学前の幼児でもタブレットを操作して自分の好きな動画を見ている。操作のしかたを教えなくても、試行錯誤で習得してしまう。楽しいから、どんどん使って新しい機能を見つけていく。遊びのようなものだ。

　子ども向けの知育アプリは、キャラクターを登場させたり、正解するとポイントを得られるようなゲーム性を取り入れたりして、楽しく進められるようになっている。

　学校の授業にも、楽しさが必要だ。面白おかしくの楽しさではなく、ワクワクしながら謎解きのように学びを進めくような知的な楽しさだ。ゲーム感覚の学習形態をとることもできるが、それでは問いは教師やアプリが出すもの、それにいかに早く正確に答えるかの訓練になってしまう。基礎的な知識や技能の習得にはよいだろうが、主体的な学びとは別物だ。

　児童の探究心に火を付けるには、動機づけが重要だ。

　意外性のある事象提示で「どうなっているのだろう？」と疑問をもったり、観察・実験の前の予想で「予想どおりかな？」と期待感が高まったり、発展的に「ほかはどうなっているかな？」と確かめてみたくなったりするような動機づけである。

　発展的に調べたくなる動機づけとなる発問の例を挙げる。

　3年生で「植物の体は根・茎・葉でできている」ことを学ぶ。「野菜のどの部分を食べているのか調べてみよう」と載っている教科書もある。そこで、できれば本物のダイコンを見せながら、「ダイコンには、茎があるのかな？」と発問してみると面白い。あるか、ないかで予想分布をとり、自分の考えを発表させる。そのあとで、端末で調べる。最初から端末で調べるので

はなく、まず根拠をもって自分の考えをもつことを重視したい。端末で調べると意外性があり、「ほかの野菜はどうなのか？」もっと調べようと動機づけとなる。

大学生もほとんど予想がはずれ「えーっ」となる例が、「チューリップの球根は、根・茎・葉のどの部分か？」という発問だ。ジャガイモやサツマイモとあわせて授業で扱うと面白い。

「刊行のことば」でも述べたように、日本の理科教科書は探究の過程に沿って学べるようによくできている。教科書を参考に、動機づけ、方向づけのために、どのような発問や指示、事象提示がよいか教材研究していきたい。

❸ 教師の顔色をうかがわない児童を育てよう

今回の学習指導要領のキーワード「**主体的・対話的で深い学び**」が実現したら、どのような児童が育つだろうか？

「先生は〇〇と言いましたが、私はそう思いません。なぜなら、……」とか「教科書には〇〇〇と書いてありますが、僕たちの実験では〇〇〇のようになりました。その原因は、……」というような発言が教室で出てくるのが理想だ。

授業中、児童から正解や教師の都合のよい発言が出ると「ヨシ！」というような認める表情、不正解や想定外の発言が出ると「ウーン」というような認めない表情が教師の顔に出ることがある。そうすると、児童は教師の顔色をうかがいながら発言するようになる。100年以上前の「賢い馬ハンス」のような児童になってしまう。

これからは、教師が言ったことや教科書にあることに対しても、根拠を挙げて堂々と自分の考えを言えるような児童を育てていきたい。

その点では、『向山洋一映像全集』第5巻に収められている「じしゃく」の授業での児童の発表には目を見張るものがある。教室の仲間に向かって根

拠をもって自説を堂々と発表している。発表に対する反論や質問がどんどん出る。まるで学会の口頭発表のようだ。

　ここ十年来、理科教育界で「argument」という言葉がよく出てくる。辞書で調べると「口論」「言い争い」のような意味が出てくる。しかし、理科教育の文脈では、「説得したり証明したりするために、根拠に基づいて自分の考えを主張する」という意味で使われている（国立教育政策研究所『PISA2015年調査 パンフレット』の科学的リテラシーの定義にある「アーギュメント」の注より）。

　向山学級の児童たちは、まさにargumentしていたのだ。理科だけではなく、すべての教科で、児童が自分の考えを主張できるような授業づくり、正誤を気にせずに発表できるような学級づくりが重要だ。

❹ ICT活用でも基本は観察・実験

　端末でデジタル教科書やNHK for Schoolなどの動画を見ると、簡単に観察・実験を結果まで見ることができる。効率よく知識を得ることができるが、受け身の学習となってしまう。自分で方法を考え、手を動かして行う観察・実験でこそ、探究の楽しさを味わえる。自分で見つけた、できたという達成感を味わえる。ICTが発達したといっても、臭いや温度、触った感じまで再現できる機材が学校に入るのは、まだまだ先のことだ。

　画面の中で見るのと、目の前にある実物を見たり触ったりするのでは、情報の質や量が違う。NHK for Schoolにある「ものすごい図鑑」では、様々な昆虫を拡大したり、向きを変えたりして見ることができる。クリックするだけで解説も出てくる。とてもすばらしいものだ。

　しかし、本物を見たことも触ったこともないのに、これだけで観察したつもりになっては問題だ。これはバーチャルの観察である。仮に架空の昆虫を画面で見せても、そういうものが実在すると児童が思ってしまう危険すらある。

　実際に捕まえて手に持ったときの感覚、時には臭いを感じることにより、「生きている」という実感が伝わるはずだ。そのようなリアルな体験とあわ

せてバーチャル観察を活用するようにしたい。動いてよく見えなかったところをバーチャル観察で「そうなんだ」と知ったり、もう一度実物を観察し直したり、リアルとバーチャルを往復することにより、理解が深まる。

❺ 便利な実験器具をどんどん使おう

　理科の観察・実験で使う器具も、どんどん便利なものが出ている。3年生の日なたと日陰の地面の温度を測る際は、温度がデジタル表示される放射温度計を使うようになっている。かつては、棒温度計を地面に浅く埋め、覆いをかぶせてしばらく待ってから目盛りを読んだ。液の先が目盛りと目盛りの間にあるときは近い方を読む。ガラスの温度計は落としたりぶつけたりすると割れるので取り扱いも注意が必要だ。このような使用上の注意がたくさんあると、「面倒で使うのがたいへん」とか、「壊したらいけない」と児童にストレスがかかる。放射温度計なら、一瞬で温度が測れる。授業中に測定できる箇所も格段に増える。そもそも測るのが楽しくなる。

　私が初めて放射温度計を手にしたときは、楽しくて部屋の天井や床、ラーメンやコーヒーなど手当たりしだい温度を測った。

　使いやすい機材が次々と出ている。理科室や理科準備室にある古くなり使わなくなった器具は廃棄し、新しい器具に更新していこう。それだけで、教師も児童もストレスなく観察・実験ができるようになるはずだ。

　なお、電子天秤の登場で使わなくなった上皿天秤は、「昔の実験器具」として理科室や教室に置いて、児童に自由に触らせるとよい。電子天秤が測れるしくみはブラックボックスとなり、数値が出るだけだが、上皿天秤は原理が見えるので、それ自体が児童の興味をひく対象となる。

❻ 書画カメラをおおいに使おう

　教師のICT活用では、書画カメラを第一に挙げたい。理科授業では教科書やノートなどの書面だけでなく、植物や岩石、実験器具などの実物を書画カ

メラで写すと効果的である。

　画面を通して児童が見るという点では、NHK for Schoolの視聴と変わらないが、実物が教師の手元にあり、教師が解説しながら見せる効果は動画を見るのと違って存在感がある。

　私は中学校教師時代、毎時間フレキシブルアームの書画カメラ（当時はアナログ式）をテレビにつないで使っていた。理科係に書画カメラとテレビのスイッチを入れるよう頼んでいたので、授業が始まるとすぐに使えた。

　多くの学校にある書画カメラはまっすぐのアームが数か所のつなぎ目で動くタイプが多い。書面を上から写すときにはよいが、実験器具を横から写したり、小さなものに近づけて写したりするときには、不便である。

　カメラのアームがフレキシブルなら自由に向きや距離を変えることができて便利だが、そのようなタイプの書画カメラは少ない。

　小型のデジタルカメラやWebカメラをフレキシブルアーム（写真は商品名どっちもクリップ）に取り付けると書画カメラとして使える。

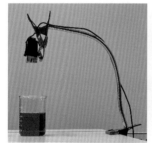

※アームの長さが各種あるが、30cmか45cmのものが使いやすい。

※クリップが強力なので、カメラやスマートフォンを直接はさむのは避ける。カメラに小型三脚を付けたり、スマートフォンホルダーを付けてクリップではさむとよい。

※webカメラは、手動で焦点を合わせるタイプのものが理科に適している。最短撮影距離が短い方が、カメラを近づけて大きく映せるので便利。

※ほとんどのwebカメラは自動しぼりなので暗いところで使うと肉眼で見る

より明るく写ってしまう。ナリカの理科実験観察撮影装置「ToruSee」は、焦点としぼりが手動である。教室を暗くして行う実験もきちんと暗く写る。

❼ オンライン授業の工夫

新型コロナウイルス感染症がまん延した時期には、学校が臨時休校になりオンライン授業が行われた。感染したり濃厚接触者となったりして登校できなくなった児童がオンラインで教室にいる児童と一緒に授業に参加するハイブリッド授業も行われた。今後、病院で療養中の児童や登校できない児童がオンラインで参加するハイブリッド授業が日常的に行われるようになるだろう。

私も大学で2020年度はオンライン授業、2021年度はハイブリッド授業を行った。あり合わせの機材からスタートし、試行錯誤しながら機材を増やし少しずつ工夫をしてきた。私の工夫したことを紹介する。

オンライン授業では、ヘッドセットを使うと教師の声がよく伝わるし、学生の声も聞きやすい。理科授業では実験などで動き回ることもあるので、ワイヤレスのヘッドセットが便利だ。ただし、パソコンから数m離れると音声が途絶えるので、場合によっては有線のヘッドセットを使う必要がある。

対面参加とオンライン参加の学生がいるハイブリッド授業では、対面参加の学生とオンライン参加の学生間での音声の共有が必要となる。教室に専用のマイクシステム等があればよいのだが、そうでない場合は工夫が必要だ。私が大学でZoomを使いハイブリッド授業したときの方法を紹介する。

配信用の教師のパソコンでZoomのマイクはスピーカーフォン、スピーカーは教室のスピー

カーを選択する。

　教室で研究発表する学生はZoomに接続してパワーポイントを使う。その学生のパソコンはスピーカー音量をゼロにしておく。そうしないとハウリングが起きてしてしまう。

　教室の学生が質問や意見を言うときは、スピーカーフォンの近くに来て話す（マイクが何台もあればよいのだが、私は１台しかないので）。

　オンライン参加の学生の声は、教室のスピーカーから出るので問題ない。

　メインで使う教師用のノートパソコンを箱の上に載せているのは、立って授業する際に画面操作で目線が下がるのを防ぐのと、ノートパソコンのカメラで教師を映すときに下から見上げる形になるのを防ぐためである。

　オンライン配信の際、配信用パソコンの１画面だけでは操作しにくい。理想は３画面（教室の大型モニターを含む）がよい。私は、ドッキングステーションでHDMI出力端子を増やし、外付け小型モニターと教室の大型モニター（プロジェクター）につないでいる。

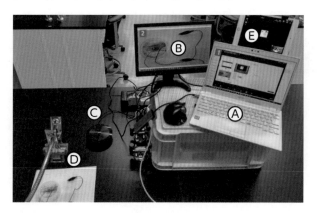

Ⓐ 配信用パソコン
Ⓑ 外付け小型モニター
Ⓒ スピーカーフォン
Ⓓ 書画カメラとして使う
　 web カメラ
Ⓔ 配信確認用 iPad

　画面の共有などは、次のようにしている。

①デスクトップの画面で右クリックし、ディスプレイ設定に進む。「識別」をクリックすると、どのモニターが何番かわかる。ディスプレイ２が写真の外付け小型モニター、ディスプレイ３が教室の大型モニターとプロジェクターになっている。ドラックして配置を実際に合わせる。

メインのパソコンのモニター1をクリックし、「**デスクトップをこのディスプレイに拡張する**」にすると、3つのモニターに別々のものを映せる。
※Windowsの場合

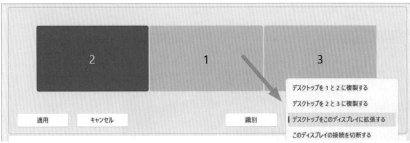

ディスプレイ2をクリックしてから、「**デスクトップを2と3に複製する**」を選ぶと、下のようになる。

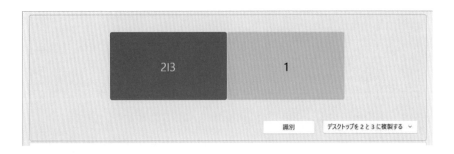

②Zoomの画面共有では、**画面2を共有する**。

　教師の前の小型モニターの画面が、教室の大型モニターに映るとともに、オンライン配信されるので、目線を前に向けたまま授業できる。

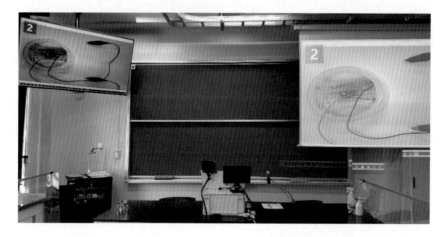

③パワーポイントのスライドや書画カメラ画像を写すカメラアプリ、センサー計測用アプリなどは、すべて画面2（写真の小型モニターⒷ）に出しておく。**タスクバーでアプリを切り替える**ことにより、必要なものを即時に配信できる。

④配信用パソコンとは別に1台Zoomに参加しておくと、実際に配信されている画面を確認できる。画面共有できているか確認できるので便利だ。また、スライドを進める際など、オンラインの画像が少し遅れることがある。確認用モニターを見ながら話すとちょうどよい。ハウリングやエコーを避けるために、この確認用の端末は音が出ないようにしておく。

⑤配信側では音の確認ができないので、聞こえないときは遠慮なく「聞こえません」と言うように学生に伝えておく。また、オンライン参加の学生が発言する際は**最初に「はい」と言う**ようにしておく。「はい」と言った学生がZoomで話し手（スピーカー）として選択されるので、かぶることが避けられる。また、Zoomで話し手が変わるとき、最初の音声がほんの少し途絶える場合があるので、それを避けることができる。

（小森栄治）

① 実験結果を スプレッドシートで共有する

予想・実験を繰り返し行うことで、考える力を付けさせる

第1次　物の重さ調べ（3時間）本時1～3時間目
第2次　物の重さくらべ（4時間）

❶ 予想　調べる粘土の形を考えさせる（1時間目）

⑴ 物の重さと形の関係について考えさせる

　粘土の形を変えると重さが変わるかを予想し、調べたい形を考えさせる。

> 　粘土は、形を変えると重さが変わるでしょうか。図や言葉で調べたい
> 形をかき、重さがどうなるかを予想しましょう。

　グループで相談させて、まだ出されていない形を黒板にかかせる。

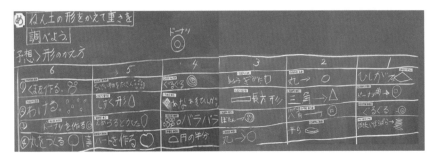

　発表をするときには、重さはどうなるか、そう考えた理由も言わせる。

【児童の主な意見】

〈軽くなると予想する〉

・平らにつぶすと、空気が抜けてうすくなるから、軽くなると思う。

・細かく分けると、重さが少し軽くなると思う。

〈重くなると予想する〉

・長く伸ばすと、重くなると思う。

〈重さは変わらないと予想する〉

・丸くしても、重さは変わらないと思う。

・付け足したり、削ったりしなければ、重さは変わらないと思う。

❷ 実験　粘土の重さを調べる（2時間目）

◆形を変える前の重さを量る

実験の**準備物**や**実験方法**は、**教科書で確認する**。

> 形を変える前の粘土の重さを量りましょう。

工夫した点は、以下の3つである。

①教師が粘土を切り分け、初め
の重さをほぼ同じにする。

②バラバラにしてもこぼれない
ようにチャック付きポリエチ
レンの袋に入れて量る（袋は
台ばかりからはみ出さない大
きさ）。

③手に付きにくく、無臭にするために、原材料が米の粘土を使う。

初めの重さを量り、図のように黒板に書いて共有した。約150gである。

> 形を変えて、粘土の重さを量りましょう。

　実験は、短時間でできる。そのため予想したものでなくても、繰り返し予想し、たくさん実験できる。

　児童は、「予想通りになるはずだ」と、力いっぱい空気を抜こうと平らにしたり、粘土を協力して細かくしたりして重さを量る。

　実験の結果、すべて重さは変わらないことが分かる。

【児童の意見】

・どんなに形を変えても重さは同じになる。

・形を変えても重さは変わらない。

・量を変えなければ重さは同じ。

❸ アルミはくの形を変えて調べる（3時間目）

　児童から、「形を変えても重さが変わらないのは、粘土だけか」という疑

問が出てくる。粘土の時と同様にして、アルミはくを使って予想させる。

　教科書に出ている①平らにしたとき、②細かく分けたとき、③丸めたときの３つを調べたら、各班でGoogleスプレッドシートに調べる形を入力させる。

　予想の理由も発表させる。

【児童の意見】

・粘土と同じで、なくなっていないので重さはかわらない。

・大きさを分けるとすごく小さくなるので、重さは軽くなる。

> アルミはくの形を変えて、重さを量って調べましょう。
> 調べたら、Googleスプレッドシートに入力しましょう。

　実験の結果は、以下のようである。

	A	B	平らにする		細かく分ける		細かく分かる		気になる形		形	L
13		アルミニウムはくで調べる										
14		調べる形	平らにする		細かく分ける		細かく分かる		気になる形		形	
15	1班		5 g		5 g		5 g		5 g		細長い四角	1班
16	2班		5 g		5 g		5 g		5 g		雲	2班
17	3班		5 g		5 g		5 g		5 g		四角	3班
18	4班	重さ	5 g		5 g		5 g		5 g		クズクズ	4班
19	5班		5 g		5 g		5 g		5 g			5班
20	6班		5 g		5 g		5 g		g			6班
21	7班		5 g		5 g		5 g		5 g		三角	7班
22	8班		4 g		4 g		4 g		g			8班
23												

【児童の意見】

・アルミはくも形を変えても、重さは変わらない。

・どんなに小さくしても、重さは変わらない。

　まとめとして、「物は、形をかえても、粘土とアルミはくの重さはかわらない」と実感できる。右のQRコードを読み込むと、Googleスプレッドシートをコピーして使える。スプレッドシートを用いると、黒板に書いて共有するよりも、手元で入力でき、すぐに表にできてデータを共有できるという利点がある。

（尾川智子）

3年❷ ゴムや風の力（7時間）

①実験結果を写真で記録し、ゴムの伸びと車の走る距離を意識させる

楽しい実験、ゲームで理科の見方を鍛える

第1次　風の力（3時間）
第2次　ゴムの力（4時間）本時3・4時間目

❶ ゴムで走る車で調べよう（3時間目）

⑴ 10㎝のゴムの伸びと車が走る距離を調べる

　4・5時間目にはゴムで走る車を作り、たくさん遊ばせる。児童は、「速く車を走らせたい」「遠くまで車を走らせたい」という意識で遊んでいる。

　遊びの中から発見したことを教師に報告させる。

C：先生、あんなところまで走ったんだよ。

T：すごいね、どうしてあんなところまで行けたの？

C：ゴムをいっぱい伸ばしたから。

T：そうか！　ゴムを長く伸ばしたんだね。

　教師は、報告を評価しながら聞いて、児童の活動を価値付けていく。ゴムの伸ばし方や車が走った距離に視点が行くように全体に助言する。

　ゴムを10㎝伸ばすと車はどこまで走りますか？
　予想をノートに書きましょう。

　6時間目は、ゴムの伸びと車の走る距離についてグループで調べさせる。10㎝に限定し、実験のしかたを例示する。

> 　スタート、ゴールの位置で写真を撮ります。
> 　3回走らせて一番いい記録をノートにメモしましょう。

　学習者端末を使用しなくてもよいが、写真に残すことで、データの記録漏れがなくなる。また、写真を撮るスキルが身に付く。簡単な実験の時に写真を撮る習慣を付けさせるとよい。

⑵　5㎝ごとのゴムの伸びと車が走る距離を調べる

　ノートにメモができたらグループから教師のもとに集合させる。10㎝でどのくらい走ったのかを報告させ、次の指示を出す。

> 　予想、実験、結果の順番で、5、15、20㎝でも同じように調べてノートに記録しましょう。

　実験が終わったら、報告をさせる。

> 　この実験から、どんなことが言えますか？
> 　「ゴムののび」「車が走ったきょり」というキーワードを使ってまとめなさい。

　この実験からわかったことをノートに書かせる。どのように書いたらいいかわからない子がいるので、キーワードを示すことによりまとめが書けるようになる子が増えていく。どうしてもわからない児童は、教科書の例文などを参考にさせる。

　書き方を教えることで結果や考察を書けるようになっていく。

❷ ぴったりゲームをしてみよう（４時間目）

　実験を通して、ゴムには物を動かす働きがあって、ゴムの伸ばし方によって車の走った距離に違いが出ることを学べた。深い学びにつなげるために、初めの遊びでの「速く、遠くへ」という意識から「ゴムの伸びと動く距離」に意識を転換させる。そのために、「的に止める」という遊びが教科書には載っている。

　子どもの中から出てくることもあるが、教師から意図的に促すことでゴムの伸びに視点を向かわせることができる。

⑴ ギリギリぴったりゲーム

> 机の端から車が落ちないようにするゲームです。
> 実験データを参考に、やってみましょう。

　車が落ちないようにゴムの伸びを調節するゲームである。

　床でもいいが、机をつなげたり、長机や理科室の机で行ったりするとよい。

　「車が落ちる」というハラハラ感が児童にとっては面白いのである。

⑵ ぴったり10点ゲーム

> 車が止まったら得点です。
> ぴったり10点になったら勝ちです。
> 10点を超えた場合は、半分の５点になります。
> また、ぴったり10点を目指してゲームします。

C：先生、ちょっとでも入っていれば得点ですか？

T：それは相手と相談して決めていいですよ。

　児童は、初めのルールを基にルールを加えていく。次はその一例。

S		1m		2m		3m		4m		5m
		②	④	⑥	⑧	⑩	⑨	⑦	⑤	③ ①

> 全ての得点に止まったら勝ちです。

　１点から10点まですべての場所に先に止めたほうが勝ちという遊びである。同じ場でも、このようにルールの変化で楽しむことができる。

　単元の最後にゲームを行ったが、導入にこれらのゲームをもってきて「ゴムの伸び」に気付かせる展開も考えられる。

　児童は、ゲーム化することで熱中する。ただゲームで楽しむのでなく、この単元でねらっている理科の見方が身に付くゲームにすることが大切である。ここでは「ゴムの伸び」である。ルールの工夫がポイントだ。初めのルールをシンプルにし、児童が少しずつルールを変えていけるのがよい。遊びの中で学びが深まっていく。

（千葉雄二）

3年❸ 太陽の光（8時間）

❶ 光の実験の繰り返しで発見できる

楽しい体験を通して学び、わかったことを自分の言葉でまとめさせる

第1次　日光の進み方（3時間）
第2次　明るさとあたたかさ（5時間）本時3〜5時間目

❶ 反射した光は、丸？　四角？（3時間目）

　画用紙の中心を四角と丸でくり抜いて、鏡に貼り付けたものを提示して以下のように発問する。

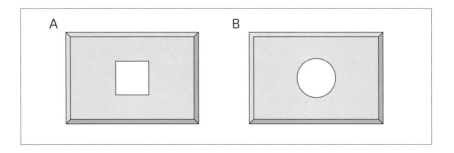

> 日光を跳ね返した光は、それぞれのように映りますか？

　①四角と丸　②両方とも四角　③両方とも丸　④その他
　ここは時間をかけずに予想し、理由を言いながら意見を交換させる。教室に差し込んでくる日光を反射させて、実験させる。
　「四角と丸になった」この時点では、正解は、①四角と丸になる。

この実験から、どんなことが言えますか?

【児童の意見】

・四角だと四角になり、丸だと丸く反射する。

・鏡のくり抜いた形で反射する。

　初めの実験では、くり抜いた形のまま壁などに映し出されたので、やりたいことが出てくる。

　児童は、丸と四角ではなく、好きな形で映し出したいのである。活動が始まると、熱中して画用紙をくり抜いていろいろな形を作成する。

　カッターを使用しなくても、画用紙を半分に折ってはさみで切らせると、写真のような線対称の楽しい形が出来上がる。

❷ 好きな形で実験する（4時間目）

　ここからは、教室ではなく、外に出て実験する。活動がダイナミックになるからだ。鏡で反射させた光を壁や友達の服や木などに当てる遊びを楽しむ。やはり、光がまっすぐ進むことを体感する。

木を登る光のクワガタ。奥では、子どもたちが校舎の壁に反射させた光を当て、大発見!?

「あれ?! みんな丸になっちゃった!」

　児童は、そのうちに大発見をする。校舎に向かって映し出した絵がみんな同じ丸になることに気付く。

「先生、みんな丸になっちゃった」

この実験から、どんなことが言えますか?

【児童の意見】

・映す場所が、近いと鏡の形と同じになる。

・近いと鏡の形で、遠いと丸い形になる。

・どんな形の鏡でも、遠くに映すとみんな丸になってしまう。

　教室で行った「四角の鏡と丸の鏡の発問」の答えは、以下のようになる。

　映す場所が近いと「①四角と丸」になるが、遠いと「③両方とも丸」になる。

そのため正解は、「④その他」である。児童は、この展開に大興奮である。

❸ キーワードで調べよう（5時間目）

学んだことを生かすには、「どんなことに使えそうですか？」と問えばよい。教科書のコラムには、理科の学習を日常化する視点が詰まっている。

例えば、オリンピックのトーチに日光で火を付けるしくみや反射させた光で料理をすることができる「ソーラークッカー」などである。

3年生には、教師がキーワードを紹介して、タブレットで調べさせる活動をさせると興味・関心がさらに広がる。

カメラ、プロジェクターなども光が直進するしくみが使われているので紹介する。さらに、日常の中の光にまつわる注意すべき事例も紹介したい。

> 窓辺で火災が起きました。現場検証の結果、火の気がなく、窓辺にペットボトルがありました。どうして火災が起きてしまったのでしょう。お隣と相談しなさい。

「ペットボトルがレンズになったんじゃないかな？」

> 水の入ったペットボトルと日光で火災になったのです。「収れん火災」といいます。

児童は、学習者端末を使って、初めて知ったキーワードを入力し検索する。学んだことがさらにつながっていく。

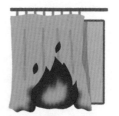

（千葉雄二）

❷ 実験をスライドでまとめて 音を「見える化」させる

音が出ている時のようすをタブレットで 記録し、まとめさせる

第1次　音の出方（3時間）本時2・3時間目
第2次　音の伝わり方（4時間）

❶ 音の出方を調べよう（2時間目）

　1時間目は、様々な物の音を出させたり、音の出るおもちゃを作らせたりする。この活動により、音に関する興味関心を高める。

　今回は、ビーズなどを入れたプラコップとたこ糸で音の出るおもちゃを作った。

> 音が出ている時の様子を「見える化」します。
> プラコップの底に付箋をつけて音を出してみましょう。

▲音が出ていないとき

▲音が出ているとき

付箋が震えることに気がつく。

> ①音が出ていないとき、②小さい音、③大きい音を調べて、3枚の写真
> に記録しましょう。

　学習用端末で音が出ていないときの写真を撮らせることが重要である。3
つに限定することで、観察するポイントが絞られる。付箋の他にも、ビーズ
を使って、記録させる活動も行う。

> 他の物でも、音が出ていないとき、小さい音、大きい音を調べて、3枚
> の写真に記録しましょう。

　他の音が出るものについて調べさせる。先ほどのプラコップでの例示があ
るので、同じように写真を取ることができる。
　ビーズ、付箋紙、スパンコールなど自由に使えるようにする。子どもたち
は工夫をして音を「見える化」させる。
　トライアングルなどは、教卓前に場を作り、水を使って「見える化」させ
るとよい。

▲音が出ていないとき

▲音が出ているとき

❷ 音の出方をまとめよう（3時間目）

　Googleスライドやジャムボードを使って４コマで音の様子をまとめさせる。

　前もってフォーマットを決めて、児童が編集できるようにして配付するとよい。

　　音の出方についてまとめます。１つだけ選びなさい。

　前時に写真を撮った、プラコップ、ギター、太鼓、トライアングルなどの中から１つだけ選択させる。

　　選んだ音は、「たたく」、「はじく」、「こする」のどれですか？
　　「こする」を選んだ人は、タイトルに「こする」と入れなさい。

　作業が終わったら起立させる。

　教師とともに立っている児童は終わっていない児童にアドバイスさせる。

　　１枚目に「音の出ていないとき」の写真を貼り付けなさい。

　さらに、作業が終わったら起立させ確認する。

　２枚目に「小さい音のとき」３枚目に「音の出ていないとき」の写真を同様に貼り付けさせる。

　そして、４枚目には、３枚の写真を貼り付けさせる。ここまで終わったら、スライドを見ながら説明させる。

　　写真を見せながら、音の様子を説明してごらんなさい。

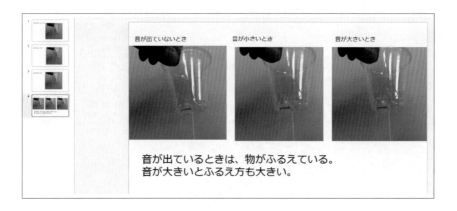

音が出ていないとき　音が小さいとき　音が大きいとき

音が出ているときは、物がふるえている。
音が大きいとふるえ方も大きい。

　音の様子を、口頭で言わせる。このようにすると実験の様子がより鮮明に思い出される。

> この実験からどんなことが言えますか？
> 「ふるえ方」というキーワードを使ってまとめなさい。

　この実験から分かったことを４コマ目に書かせる。

　４コマ目は、３枚の写真を貼り、その下にまとめを書かせる。

　このように、フォーマットを示すことで、無理なくタブレットを使ってまとめることができる。

　写真がうまく撮れない場合があるので、教師が撮った写真を使用できるようにするとよい。タブレットを使ってまとめているが、もちろんノートに記録することも可能である。ノートでも同じように４コマでまとめさせるとよい。絵や図で「音はものがふるえることで伝わる」ということを「見える化」させる。

（千葉雄二）

① 「磁石」の不思議をたくさん発見、結果を共有し追究する

飽きるまで磁石の実験を体験、追究させ、共有する時間を確保する

第1次　磁石につく物とつかない物（2時間）本時2時間目
　　　　（1時間目はP.38）

第2次　はなれていても、磁石につく（2時間）

第3次　磁石の極（2時間）

第4次　磁石についた鉄が磁石になる（2時間）

❶ 単元を通して、「ふしぎ」を発見し続ける

◆単元を貫く目標

> 磁石の「ふしぎ」をたくさん見つけよう

　児童に「ふしぎ」を発見させ、その交流を通して、新たに発見することを目指す。つまり発見の活動は、自分が見つけた「ふしぎ」の交流の活動がセットになる。教師が十分に認めることで、新たな発見をして、磁石の性質を調べ続ける意欲をもち続けることが、本単元を貫く目標である。

❷ たくさん書かせ、発表させる授業（2時間目）

⑴ 教室にある物を自由に調べさせる

　教師は、硬貨や石など普段教室にはない物を用意しておく。注意が必要なのは、教室にあるPC機器など、磁石を近づけてはいけない物を知らせておくことである。

> 磁石につく物とつかない物を調べよう。

　児童に磁石を配った後、このように指示をする。

　ノートには、以下のような表を書いて記録させる。できるだけ、児童の活動時間を長く確保するようにする。

　たくさんノートを書いた児童は、約20分の活動時間で、各20個を調べることができた。

じしゃくにつくもの	じしゃくにつかないもの
① あきかん	① 木のぼう
② 黒板	② 教科書
③ ストーブ	③ ノート
④ はさみの切るところ	④ はさみのもつところ
⑤ すず	⑤ 消しゴム

⑵ ノートへの記録は、箇条書きにさせる

　箇条書きにするのは、児童の意欲を高めるためである。

> 今、全部で何個調べましたか。
> 1〜5個？　　5〜10個？　　11個〜15個？　　15個以上の人？

　このように、児童が調べている途中で、何個調べたかを尋ねる。

　たくさん調べている場合は、さらに調べようと意欲的になる。少ない場合にもっと書くようになる。

(3) 黒板に板書させる

児童の記録した数を使って、以下のように指示する。

> 10個以上書けたら、黒板に１個書きなさい。

ノートに書いている児童と黒板に板書している児童が同時に活動している状況である。

さらに、以下のように言う。

> 黒板にまだ出ていない物を見つけたら、ノートに書いて持ってきなさい。

教師は、持ってきたノートを見ながら、「すごいなあ。よく見つけたね」と言って驚き、黒板に書かせるだけでよい。児童は、競い合って調べ、黒板に書くようになる。

(4) 黒板の板書をもとに、検討する

「じしゃくにつくもの」「じしゃくにつかないもの」の一覧を見て、気がついたことを発表させる。

> 黒板を見て、気がついたことはありますか。

・磁石に付く物より、付かない物の方が多い。
・磁石に付く物は、金属みたいに硬いことが多い。
・磁石に付かない物は、やわらかい物が多い。
・磁石に付く物は、金属かな。

(5) 本時のまとめにつながる発問

これらの気付きを踏まえて、さらにもう一歩踏み込んだ発問をする。

> 磁石に付く物には、どのような性質がありますか。

　この発問から出る意見が、授業のまとめになる。ノートに、自分の考えをまとめさせる。ポイントは、「金属」や「鉄」という言葉である。「金属」であってもアルミニウムや銅は付かない。「鉄」というキーワードが出てくる。

> 金属の中で「鉄」だけが、磁石につくのですか。

　自分の考えをもち、さらに突っ込んで実験をすることで、意欲的になる。

　児童の中には、他の金属と「鉄」の区別がつかない場合がある。その場合には、硬貨を使うとわかりやすい。

　硬貨の主な成分は、以下のようになっている。1円玉はアルミニウム、5円玉は銅、50円玉は銅とニッケル。

　これらが磁石に付くかどうかを実験させることで、金属でも、「鉄」以外の物は、磁石に付かないことを実感できる。

　右のQRコードは、指導案・授業コンテンツ共有サイトTOSS LAND（https://land.toss-online.com/）の中の「磁石」単元で活用可能な授業指導案（関澤陽子作）にアクセスできる。

（松本一樹）

磁石遊び①

磁石遊び②

②手書きカードと端末画像を組み合わせて記録する

学習者端末を調べた結果を記録・発表に活用する

第1次　磁石につく物とつかない物（2時間）本時1時間目
　　　　（2時間目はP.34）

第2次　はなれていても、磁石につく（2時間）

第3次　磁石の極（2時間）

第4次　磁石についた鉄が磁石になる（2時間）

---

❶ 導入は「磁石につく物」を探す（1時間目）

⑴ 電気を通す物と磁石につく物を関連付ける

　電気を通さない物には、どのような物がありますか。

「消しゴム、割りばし、おはじき、輪ゴム……。」

それぞれ、何でできているかを確認する。

　電気を通す物には、どのような物がありますか。

「鉄のスプーン、アルミホイル、10円玉……。」

それぞれ、何でできているかを確認する。

　鉄やアルミニウム、銅などを何といいますか。

「金属」

金属も「磁石につく物」と「つかない物」があるでしょうか。

「ある。金属はつく。鉄はつく。」

ノートに「〇〇はじしゃくに引きつけられる」のように予想を書きなさい。

隣同士、予想を言い合わせる。

⑵ 工夫した教具を使って磁石につく物を調べる活動をする

磁石を割り箸に両面テープで貼り付けた物を使うと以下の点でよい。

① 割り箸部分に名前を書くことができる。

② 教師が集めたとき、輪ゴムなどで束ねて保管できる。

③ 児童が扱いやすい（磁石がついたかどうか、わかりやすい）

④ 最後の「物づくり」にそのまま使える。

この教具の工夫は、『簡単・きれい・感動!! 10歳までのかがくあそび』（小森栄治著／学芸みらい社、P.92）のページを参考にした。

❷ 学習者端末で写真を撮って記録させる

⑴ 学習者端末を使い、交代で写真を撮らせる

磁石につくと思う物を端末で写真に撮り、ついたかどうかをメモします。お隣の人と交代で3つずつ選んで撮り、調べなさい。

撮影するときは、それぞれの名前を書いたカードも一緒に撮らせるとよい。発表するときにどのペアが撮った物か、すぐにわかる。

撮った写真は、「共有」にアップロードさせた。

アップロードされた写真をプロジェクターで映して、調べて磁石に付いた物、付かない物の発表をさせた。

写真は、1人で撮らせることもあるが、ペアで活動させた方が学習は深まる。

「ネジが付いた！」

何を写真に撮るかは、端末を持っている方に決めさせ、3回撮ったら交代する。パートナーは撮影者の指示に従って、調べたい物に磁石を近づけたりする。

撮影者は、磁石に付いたかどうか、パートナーと確認する。このようなやりとりからコミュニケーションが深まる。

何を撮影したらよいか、相談するペアも多くなる。相談しなさいと教師が指示しなくても、自然にそのような場面が生じる。

撮影枚数は、教師が指定するとよい。記録する物にもよるが、1時間の授業では、3枚ずつが丁度よい。枚数を限定されることで、児童は何を撮るか真剣に考える。

さらに、教師は話し合いをしているペアを見つけて、全体に聞こえるように褒める。それを聞いた他のペアは、それまでにも増してはりきって活動するようになる。

意外な物に磁石を付けてみようとする児童がいたときも大いに褒めた。一見、磁石に付かなさそうな机の天板が、下に鉄があることで引き付けられることを発見した児童もいた。

このあとの学習「離れていても磁石は引き付ける」の学習へと発展する素材となる。

(2) 写真をアップロードさせて情報を共有する

慣れてくれば、ファイル名を自分の名前に変えてアップロードさせることもできる。

教師があらかじめ作っておいた「3年1組」などの共有フォルダにアップロードさせる。Googleであれば、

ドライブを開く→「3年1組」共有フォルダを開く→新規→ファイルをアップロードのステップで、どの児童もすぐにできた。

アップロードされた写真は、教師がパソコンから、プロジェクターに映しながら、児童に発表させる。

（長田修一）

① 実験結果をJamboardで分類してまとめる

学習者端末で明かりがつくつなぎ方と
つかないつなぎ方を分類し、共通点を見つけさせる

第1次　明かりがつくつなぎ方（3時間）本時2・3時間目
第2次　電気を通す物と通さない物（3時間）

❶ 明かりがつくつなぎ方を調べる（2時間目）

(1) 明かりがつくつなぎ方を実験して調べて、端末に結果を入れる

　　明かりがつくつなぎ方を調べて、Google Jamboardに描き入れなさい。

　実験して調べたら、導線を線で描き、結果を「テキスト」を使って入力するように伝える。導線は間違えてもすぐに消すことができる。また、豆電球や乾電池を縦にしたり、横にしたりできるので、いろいろなつなぎ方ができる。この作業をノートで行うと、豆電球や乾電池を描くだけで時間がかかってしまう。Google Jamboardでは、豆電球や乾電池が動くようになっているので、場所を動かして線で結ばせるだけで回路図を描くことができる。短時間でいろいろなつなぎ方の結果を描き入れることができることが利点である。

　右のQRコードを読み込むと、次のページのGoogle Jamboardをコピーして使うことができる。読み込むと右図のように出てくる。

　左下の「コピーを作成」をク
リックすると、自分のアカウント
でコピーが作成される。パソコン
のGoogleアプリからJamboardを選
ぶとコピーしたものが出てくるの
で、改編して使うことができる。

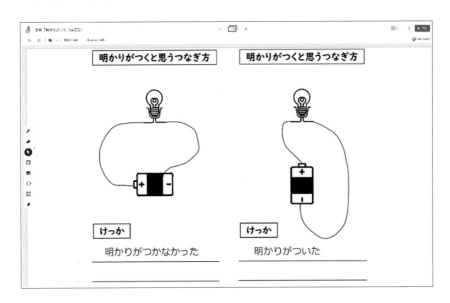

(2) 明かりがつくつなぎ方を発表する

> 実験した結果をGoogle Jamboardを見せながら発表しなさい。

　グループで1台用意し、Google Jamboardを見せながら、以下のように説
明させる。
・この回路で、明かりがつきました。
・この回路では、明かりはつきませんでした。
　画面を見せながら発表するので、発表が苦手な児童も発表がわかりやす
くなる。

❷ 明かりがつくつなぎ方をまとめる（3時間目）

(1) 端末を活用し、Google Jamboardで分類させる

協力して、明かりがつくつなぎ方とつかないつなぎ方に分けなさい。

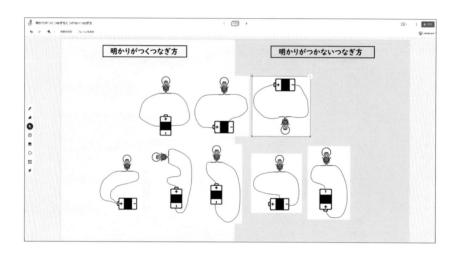

　２人１台の端末を使い、Google JamboardのURLを送って、隣同士で考え、分類させる。画面上で簡単に移動させることができ、何回もやり直しができる。

　早く終わったところには、どんなときに明かりがつくかを言葉で説明できるように考えさせる。

(2) 分けた理由を考えさせ、発表させる

「どんなときに明かりがつく（つかない）か」を互いに説明し合いなさい。

　隣同士で話し合わせた後、発表させる。

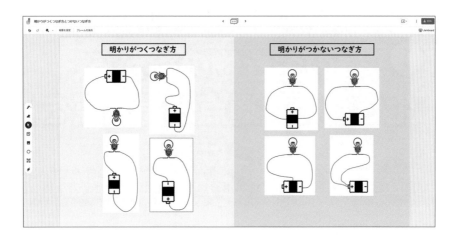

　このときも上のような端末を見せながら発表させると発表しやすい。

　以下のような意見が出てくる。

・＋極と−極に導線がつながっているから、明かりがつく方にしました。

・乾電池の＋極や−極ではないところに導線をつないでいるから、つきません。

　最後に、「かん電池、＋極、−極」などの言葉を使って、以下のようにまとめさせる。

> 　かん電池の＋極、豆電球、かん電池の−極が、１つのわのように、どう線でつながるとき、電気が通り明かりがつく。
>
> 　電気の通り道のことを「回路」という。

　前述のとおり、右のQRコードを読み込み「コピーを作成」を行うと、ここで紹介したデータを取り込んで、Google Jamboardを使うことができる。

（尾川智子）

① 春の生き物の絵から、生き物の共通点と差異点を見つける

観察に視点や目的意識をもたせ、差異点や共通点を見いだす力を養う

第1次　生き物探し（2時間）本時1・2時間目
第2次　植物が育つ様子（2時間）（1・2時間目はP.50）
第3次　植物の体のつくり（2時間）

❶ 教科書の絵で意欲を高め、視点をもたせる（1時間目）

⑴ 昆虫で共通点と差異点を見いださせる

　校庭に出て、生き物を探すことが最初の活動になる。しかし、ただ「校庭に出て、生き物を探してみよう」と指示するだけだと、「チョウがいた」「タンポポがあった」と、生き物を見つけることで子どもたちが満足し、ねらいが半減する。小学校理科学習指導要領解説P.12には次のようにある。

> ここで、「自然に親しむ」とは、単に自然に触れたり、慣れ親しんだりするということだけではない。

　児童が、様々な生き物の観察から共通点や差異点をもとに、生き物の様子をとらえ、関心・意欲をもって学習課題を追究していくことが望ましい。それには、視点を与えることが必要だ。例えば、次のようにする。
　教科書の単元初めには、春の校庭にいる生き物の様子がイラストや写真で表されている。この絵や写真を使い、それぞれ姿（色、形、大きさなど）に違いがあることを見つけさせる。

動物（昆虫含む）や植物がいるイラストを使って、次のように発問する。

最初に虫は何匹いるか聞く。

> **虫は何匹いますか。**

・6匹　・8匹

> **何がいましたか。**

・アリ　・チョウ　・テントウムシ

> **アリは何匹いますか。**

テンポよく聞いていく。小さく描いている虫もあり、わかりにくい場合もある。「おしい！」とにこやかに答え、さらに聞いていく。児童は、夢中になって探す。

> **絵の虫の、似ているところや違うところで仲間分けしてみましょう。**

・飛ぶものは、チョウとテントウムシです。
・飛ばないものは、アリです。

さらに、「どこにいるか」なども聞いて答えさせる。「チョウは花にいる」「テントウムシは葉にいる。花にもいる」などという答えが返ってくる。

⑵ 植物で視点を広げさせる

植物も同様である。植物は、多く描かれているので、植物を指定する。

> タンポポを見つけてごらん。
> どこにありますか。

・教科書の真ん中。　・花壇のところ。
さらに、タンポポの色も聞く。すぐに「黄色」という答えが返ってくる。
花壇全体の色に着目させる発問をする。

> 花壇には何色の花が咲いていますか。見つけた色を言ってごらん。

黄色、赤色、白色、紫色など言わせていく。全部で７色である。

> 花壇に咲いている花は、何種類あるでしょうか。

これは、少し難しい。名前は知らなくても、一生懸命に数えて、答える。
色が違っても、種類が同じだったり、色は同じでも種類が違ったりすることに気付かせる活動である。このように、見るべき視点をもたせてから、校庭に出て観察させることにより、様々な気付きを引き出すことができる。

❷ 校庭に出て生き物を探す（２時間目）

◆色、形で違いと共通点を見いださせる

校庭に出て、生き物を探し観察します。どんな色、どんな形だったのか、観察カードに記入します。

児童を教室から出す前に、前時の気付きから、授業のねらいを伝える。

このように、指示を出すことで、どんなものを見るとよいのか、何をしてくるのかが、はっきりする。観察する時間、戻ってきたらどうするのか、などもしっかり確認して活動に入るとよい。

下は、右が意欲を高めるのに有効な「春の生き物ビンゴカード」で、赤い花、ギザギザの葉など、見つけた物をかくマスがあるカードである。左図は、1つのものを詳しく観察させる「植物観察」カードである。

植物観察カード

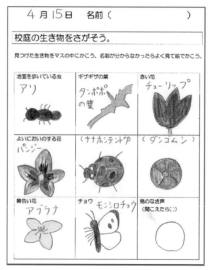

春の生き物ビンゴカード

(間 英法)

3年 6 身の回りの生物（6時間）

② 観察を手書きから写真を使った記録につなげる

ノートや学習者端末を活用し、
観察したことを表現する力を育てる

第1次　生き物探し（2時間）（1・2時間目はP.46）
第2次　植物が育つ様子（2時間）本時1・2時間目
第3次　植物の体のつくり（2時間）

❶ 観点の入ったプリントを使う（1時間目）

　初めは、観察する視点をもたせるために、図のような観点の入ったプリントを作成して記録させる。

　　「大きさ」には高さや大きさを、「形」には葉や花の数や形を、「色」には葉や花の色を、書きます。

　このように、観察するときには、基本的な観点（大きさ・形・色）を記録することを教える。

　図の中にも、数字や説明を付けるとよい。

　詳しく書いている児童のプリント

4 月 20日　名前（　　　　　）

＜ シロツメクサ 　＞

12cmぐらい。

10cmぐらい。

見つけた場所	小運動場。
大きさ	12cmぐらいのと10cmぐらい。
形	フワフワで丸い。
色	花は白色。

＜まとめ＞
生き物は、それぞれ、すんでいる（場所）や、
（大きさ）、（形 ）、（色 ）にちがいがある。

を例に出して、褒めながら見せると書き方のレベルが上がっていく。

　観察するための視点がわかったら、プリントからノートに切り替える。ノートの場合も、基本はプリントと同じ形式である。

　以下のように、1つ1つ書き方のフォーマットを教えながら、ノートに書かせていく。

> 8行使って図の枠をかきます。できたら、見せにきましょう。

　ノートを持ってこさせてチェックする。

　合格した子から、ノートに観察したことを以下の順にかかせていく。

①❶の観点で言葉を書く。
②図を描く。
③気付いたことや思った
　ことを箇条書きで書く。

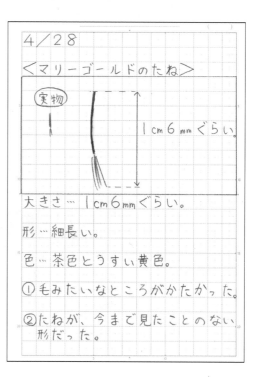

　初めは、ノートにこの型通りにかくだけでも時間がかかる。箇条書きのよい点は、どれだけ書けたかが把握しやすい点である。

　気付いたことや思ったことも書かせることで、書く力も付けていく。

　よいノートを見合うことで、記録文の書き方がうまくなっていく。

❷ 学習者端末を活用し、観察を記録する（2時間目）

⑴ 写真の撮り方を教える

　学習者端末を使って、写真を撮る方法を教える。教室で写真の撮り方を教え、練習したあと、以下のように指示する。

> 　写真は、真横と斜め上と真上からの3枚撮りましょう。

　3枚撮るのは、以下のような意味がある。

> 　真横…草丈の変化を見るため。
> 　斜め上…観察したことをノートに書くときに使うため。
> 　真上…花の形や違う角度からの変化を見るため。

　撮った写真を学習者端末で開く方法も教える。
　校庭に行って、自分が育てている植物の草丈を定規で測り、写真を撮る。そのあと教室に戻り、写真を見ながら観察したことをノートにまとめさせる。

　校庭で実物を見ながら観察するよりも、教室で画像を見ながら観察する方が、以下の点でよい。
・詳しく見たい部分を拡大できる。

・机の上で書くことができる。

・観察したことを記録しやすい。

　続けることで、操作もスムーズにできるようになる。また、文字入力も少しずつできるようになり、「気づいたことや思ったこと」を書く力もついてくる。さらに、昆虫の観察など他の場面でも使うことができる。

⑵ 学習者端末を使ったまとめ

　撮りためた画像を活用して、今までの記録を端末を使って、まとめさせる。ノートの記録を見ながら、Googleスライド等のプレゼンテーションソフトを使ってまとめさせていく。ミライシードのオクリンク等を使ってもよい。

　教師が見本の観察スライドを作っておき、それを見せながら基本的な使い方（文字入力・画像の貼り付け方）を少しずつ教えていく。

マリーゴールド　　　６月２２日

大きさ…草たけは１０㎝。

形…葉がギザギザしている。

色…オレンジと黄色の花がさいている。

同じたねだったのに、ちがう色の花がさくのが、なぜかなと思った。

　早く完成した児童には、文字の大きさ・色・フォントを変えたり、アニメーションのつけ方なども教えて、工夫させたりするとよい。

　夏休みに、自分が育てている植物の鉢を家に持って帰る場合、観察記録を端末で作らせて、提出させてもよい。

　　　　　　　　　　　　　　　　　　　　　　　　　　　　（家根内興一）

③ 卵や幼虫の観察と図を使って発見させる

卵で意欲を高め、図を写すことで特徴を発見させる

第1次　チョウの育ち方（4時間）本時1時間目
第2次　成虫の体のつくり（3時間）本時1時間目

❶ 卵を発見させ、幼虫を観察させる（1時間目）

⑴ 卵見つけからスタート

　モンシロチョウの卵の実物を見せて、以下のように発問する。

> これは、何だろう。

　モンシロチョウの卵をできれば2人に1～2個用意する。

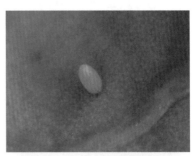

　卵の付いた葉ごとプラカップなどの中に入れ、虫眼鏡を使って観察させる。

　児童は、小さな卵を見つけて「あった！」と言って喜ぶ。

　モンシロチョウの卵は、キャベツなどについているので、株ごととって、植木鉢に入れて育てるとよい。

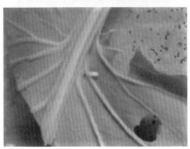

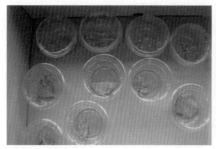

　鉢を外に出しておくといつの間にか
アオムシコマユバチに寄生されて、幼
虫の腹に黒い点が現れ、最後には蜂の
マユがたくさんできて死んでしまう。
（右写真）

　キャベツを教室に置いて育てると、幼虫がアオムシコマユバチに寄生され
る心配がないし、エサにも困らない。卵から育てることにより、児童の意欲
を高めることになる。

(2) 卵や幼虫を虫眼鏡で観察させる

　小さな幼虫も葉に付いてい
るので、卵と同様にして観察
させる。プラスチック容器の
中に入れ、画鋲などで、蓋に
穴をあける。

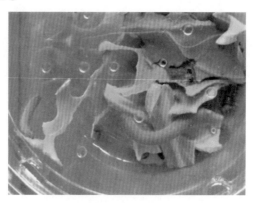

　蓋のある容器の中なら、幼
虫が苦手な子も安心して観察
できる。ティッシュを湿らせ
て中に敷いておく。ふんと古
い葉を、ティッシュごと捨てればよいので片付けやすい。

以下のように指示し、虫眼鏡を使って観察をさせる。

「わかったこと」「気づいたこと」「思ったこと」をできるだけたくさん書きなさい。

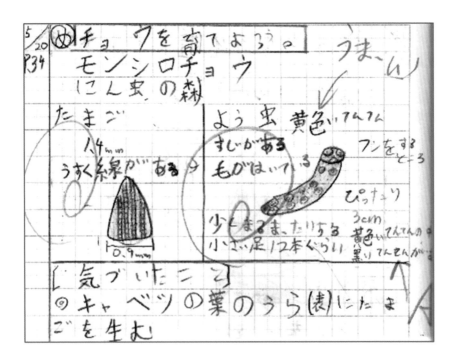

【児童の意見】

・葉の裏に卵を産む。

・卵は黄色でうすい線がある。

・卵の大きさは、1 mmくらい。

・形はトウモロコシのようだ。

・幼虫は、黄色い点々がある。

・幼虫は、うすい黄緑色。

・幼虫のあしは12本くらいある。

・卵からチョウになるまで育ててみたい。

❷ 教科書の図を写すことで発見させる（第2次 1時間目）

⑴ トレーシングペーパーに写す

　特徴を見つけさせるために、教科書の図をトレーシングペーパーに写す活動を行う。

> さなぎやモンシロチョウの特徴を見つけながら、写しなさい。

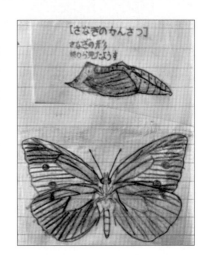

　このように、ただ写させるのではなく、視点をもたせる。写し始めると、教室がシーンとなるほど児童の集中する活動である。写真ではなく、イラストや図の方が写しやすい。早くできた児童には、色鉛筆などで色を塗らせる。きれいに写すポイントは、以下の2つである。

①トレーシングペーパーをセロハンテープなどで固定する。

②先のとがった鉛筆を使う。

⑵ 見つけたことを発表し合い共有する

　写すためには、細かな部分も見なければ写せない。写すことにより、以下のように、様々なことに気付くことができる。

【児童の意見】

・チョウには、あしが6本ある。

・チョウの羽が、さなぎの中にたたんで入っているようだ。

・チョウの頭には、2本の棒のようなものがある。

・チョウのおしりの部分には、しま模様がある。

・さなぎのおしりの部分も、チョウと同じようなしま模様になっている。

（岡本　純）

3年6 身の回りの生物（4時間）

④端末に書き込む活動で昆虫の体のつくりの理解を深める

図の色塗りで、体のつくりをよく見るようになる

第1次　昆虫などのすみか（2時間）

第2次　昆虫の体（2時間）本時1・2時間目
（「チョウの育ち方」はP.54、プログラミングを入れた場合はP.62）

❶ トンボやバッタの体のつくりを調べる（1時間目）

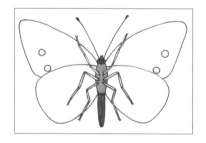

教科書に載っている図「チョウの体のつくり」を見せ、体のつくり、あしやはねの数、どの部分にあしがあるのか、尋ねる。

「頭、胸、腹」、「あし6本が胸にある」と子どもたちは答える。

トンボやバッタの体のつくりを調べましょう。

プラスチック容器に入れた実物を観察させる。観察の視点は、次の4つである。

① 体のつくり　　② あしやはねの数

③ あしやはねがあるところ　　④ その他

観察させた後、情報を整理するために、まず、トンボについてだけ、上記

①～③について発表させる。次に、バッタについて発表させる。

　次のように、板書して、情報を整理する。

	チョウ	トンボ	バッタ
からだのつくり	頭 むね はら	頭 むね はら	頭 むね はら
あしのかず	6本	6本	6本
はねのかず	4まい	4まい	4まい
あしとはねが あるところ	むね	むね	むね

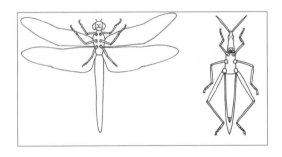

　「トンボやバッタの体のつくり」については、教科書の図で確認する。左のシートを学習者端末に送信して、教科書の図を見ながら、色塗りをさせる（頭…赤色、胸…緑色、腹…青色）。体が頭、胸、腹の３つの部分からできていることが、よりわかる。実物を見直す子も出てくる。

　チョウやトンボ、バッタの体のつくりで、似ているところは何ですか。

　「体のつくりが、頭、胸、腹に分かれているところ」、「あしの数が６本あるところ」などと発表される。

　体が頭、胸、腹の３つからなり、胸に足が６本ある仲間は何ですか。

単元「チョウを育てよう」で学習している。「昆虫」である。昆虫の共通点を扱った後は、相違点を扱う。

トンボとバッタの体のつくりで、違うところはどんなところですか。

「バッタの後ろ足は、トンボより長い」などと発表される。その発表を生かして、「バッタの後ろ足が長いことは、どんなよいことがある？」と尋ねる。「ジャンプするのによい」と発表される。動画を見せて、理解を深める。

トンボとチョウの体のつくりで、違うところはどんなところですか。

「口が違う」という意見が出た。理由を尋ねると、「チョウは花の蜜を吸うのでストローになっているけど、トンボは虫を食べるので、口みたいになっている」と発表された。

❷ ダンゴムシやクモは昆虫か、検討する（２時間目）

教科書には、ダンゴムシやクモが昆虫か否かについて、理由とともに説明させる発展内容が組み入れられている。教科書の図を見せて、尋ねる。

ダンゴムシは昆虫ですか。

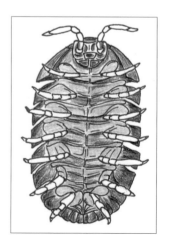

多くの児童が「昆虫ではない」と言う。理由を次々と言わせていく。

「ダンゴムシのあしが６本以上あるからです」、「頭、胸、腹がどれかわからないからです」、「胸でないところにあしが付いているからです」というように、昆虫ではない理由が共有されていく。

　ダンゴムシのイラストの入った資料を児童の端末に配付して、書き込ませる。教師は、児童の書き込んだ資料をチェックし、よい書き方を紹介する。

　ある児童は、昆虫の特徴を述べてから、ダンゴムシが昆虫ではない理由を書いていたので、大きく褒めた。ダンゴムシは昆虫ではないことを教える。

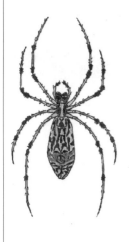

クモがこん虫ではない理由は、3つあります。
こん虫は、あしが6本あるけど、クモは、あしが8本あります。
次に、頭にあしがついています。
そして、こん虫は、頭、むね、はらの3つに分かれていますが、
クモは、頭、はらの2つしか分かれていません。
だから、クモはこん虫ではありません。

100てん

　次は、クモである。全員、「昆虫ではない」と言った。同様にして、クモのイラストの入った資料を配付し、考えを書かせる。書けた子から順に発表させる。この時、「80点以上もらえたら、合格です」と評定基準を設け、発表の後に点数を言う。理由が3つあれば100点である。点数を言われることで、どのような書き方がよいのか、わかっていく。

　「よく見なさい」と言っても、児童はなかなか見ない。観察の時には、視点を与える。さらに、図の色塗りをすることで、体が頭、胸、腹の3つの部分からできていることが、よりわかる。この後、実物を見ると、理解が深まる。

（上木信弘）

⑤ 「昆虫の育ち方」を プログラミングする

誰でも簡単に使えるプログラミングツールで 子どもたちが熱中する

第1次　昆虫などのすみか（2時間）
第2次　昆虫の体（4時間）本時2〜4時間目
　　　　　（「チョウの育ち方」はP.54）

❶ 昆虫の育ち方を示す繰り返しの図を考えさせる（2時間目）

　「昆虫を調べよう」の最後のページは、「トンボやバッタを育てよう」という単元のまとめとなっている。ここでの目標は2つある。

①昆虫には、「たまご→よう虫→さなぎ→成虫」の順に育つものと、「たまご→よう虫→成虫」の順に育つものがいることを理解させること。

②トンボやバッタの育ち方について、これまでの記録を基にチョウの育ち方との違いについて考察し、表現させること。

　このページのポイントは繰り返しの図である。完全変態の図を以下のように扱う。「たまご、よう虫、さなぎ、成虫」と1つ1つ指で押さえさせながら音読させる。次に点線の矢印の意味を扱う。

　教師がわざと「『成虫』から『たまご』に矢印がある。チョウの成虫は小さくなって、また、たまごに戻るということなんだね」と間違えてみせると、児童たちは「違う！　違う！」「成虫がたまごを産むってことだよ！」と興奮しな

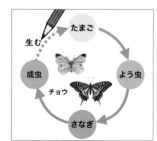

がら発表する。

　大いに褒めて、点線の矢印の横に「うむ」と書き込ませる。不完全変態の図も同様に書き込ませる。

❷ viscuit（ビスケット）でプログラミングする（3時間目）

⑴ viscuit（ビスケット）を使ってみる

　このあと、昆虫の育ち方をプログラミングで表現させる。プログラミングツールは「viscuit（ビスケット）」を用いる。ビスケットは文字が読めない未就学児でも操作できるビジュアル・プログラミングツールである。できれば、普段から朝自習などでビスケットに慣れさせておくとよいだろう。以下のサイトから端末で操作することができる。

　ビスケット viscuit｜コンピュータは粘土だ‼ https://www.viscuit.com/
　ビスケットのプログラム操作は、次の2つしかない。

①絵を描くこと（えんぴつボタン）
②メガネに絵を入れること（めがね）

　この2つの操作だけで、プログラミングができる。ビスケットの画面は次のような構造になっている。

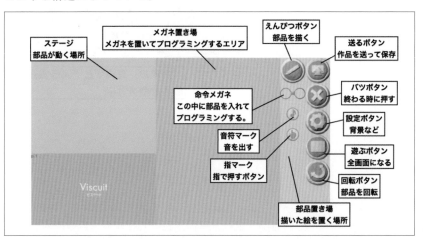

⑵ 児童に教えすぎない

　機能の全てを児童に１つ１つ丁寧に説明しない。「えんぴつボタン」「メガネ」だけでよい。

　あとは必要に応じて、教えていけばよい。教師が教えるよりも、児童たちは自分たちで使い方を発見し、交流していく。

❸ 昆虫の育ち方をプログラミングさせる（４時間目）

　教師がビスケットに「モンシロチョウのたまご」を描いてみせる。
　児童たちは、ニコニコしながら教師の画面を見ている。
　次に「よう虫」を描いてみせる。「かわいいー！」という声があがる。

> 「たまご」から「よう虫」になる命令を出します。命令を出すときに使うのが「メガネ」です。メガネの絵を画面から探してごらん。

　児童たちはすぐに見つける。教師が命令メガネを使って、プログラミングする様子を見せる。「さあ、うまく動くかな？」と言いながら「たまご」をクリックすると見事に「よう虫」に変化した。「わー！」と子どもたちは大喜びだ。

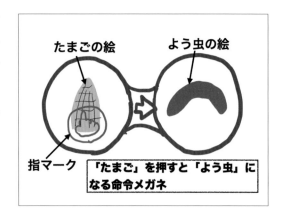

たまごの絵

よう虫の絵

指マーク

「たまご」を押すと「よう虫」になる命令メガネ

> 続きは自分でプログラミングします。モンシロチョウだけではなく、トンボやバッタもプログラミングできたらすごいね。

　児童たちが作業している間、教師は机間巡視をしながら、児童たちの工夫

に驚き、たくさん褒める。QRコードから、オンライン授業でビスケットを使った様子を動画で視聴できる。

ビスケットだけではなく、様々なプログラミングツールを操作させるときに大切にしたいことがある。

　　教師が細かく、機能を教えすぎない。子どもが自分で発見したと思えるようにする。

例えば右の作品は、ある子が「トンボの成虫が時々、空中でホバリングする様子」をプログラミングで表現したものである。

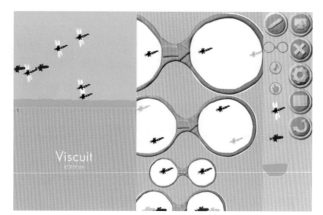

「動く」プログラムと「止まる」プログラムの両方を入力すると、まるで生きているように動くのである。これは、この子が自分で、自由にプログラムしているうちに発見したのである。私が褒めると、その子はとても満足気だった。

（塩谷直大）

3年 7 太陽とかげを調べよう（6時間）

① 「かげ踏み遊び」の発見を話し合って共有し、さらに調べる

発見や疑問を学習に生かし、児童の気付きから次の活動につなげる

第1次　太陽とかげ（2時間）本時1・2時間目
第2次　太陽の位置とかげの向き（4時間）

❶ かげ踏み遊びで意欲を高め問題を見い出す（1時間目）

(1) 晴れの日の校庭に出て、かげ踏み遊びをする

　天気のよい日に、校庭で走り回れる四角い枠を描き、範囲を決めて「かげ踏み遊び」をする。赤白に分かれて行う。かげを踏まれたら、相手の色に変わるルールである。この時、木のかげなどが枠内にあるとよい。

(2) 発問することで問題意識をもたせる

　少し遊んだ後、以下のように発問する。

　かげを踏まれないようにするためには、どのように動けばよいでしょうか。

　かげ踏み遊びをただの遊びにしないで、問題意識をもって活動できるようにする。初めは、以下のような答えが多い。

66

・かげを踏まれないように、速く走る。

・鬼より速く走る。

　何度か繰り返し遊んでいるうちに、考えて、かげを踏まれない安全な場所がわかってくる。自然と以下のような声が出てくる。

・木のかげで休もう。

・この線の上なら大丈夫だよ。

　ポイントは、まだ発表させずに、個別に聞くことである。

> どうして、ここは安全なの？

・だって、木のかげで自分のかげが消えちゃうもん。

・この線に立つと、かげは枠から出て踏めないでしょ。

　そして、教師は驚いてみせる。それを見ていた子は、発見したことを次々に教えにくるようになる。教師は、また驚くの繰り返しである。こうやって、「発見したことを言葉に変換しておくこと」が大切である。

❷ 発見したことを図や言葉にして共有する（２時間目）

(1) ノートに発見したことを箇条書きにする

> 　かげを踏まれないようにする技をできるだけたくさん、箇条書きにしましょう。図を使って描いてもよいです。

　このように発問する。前時の活動の様子を写真や動画を撮っておき、見せながら考えさせると、発見したことが書きやすくなる。

　書く作業中に教師がすることは、書けた数の確認と机間巡視で、また驚きながら褒めることである。

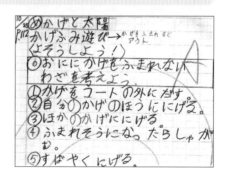

「すごい。もう３つも書けたの？」

「この図、わかりやすいね」

図の説明を聞いておくことも大切である。一度、教師に説明するため、全体での説明がスムーズになるのだ。

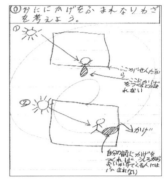

⑵ 黒板に意見を書いて全体で共有する

個人でノートに箇条書きでたくさん書いた後、班（３、４人）で意見を出し合う。次に、黒板を班の数に区切る。班ごとに意見を黒板に書く活動をする。

【児童の主な意見】

・日かげに入れば、かげが見えなくなる。

・木のかげか、遊具のかげに隠れる。

・自分のかげを見ながら、走って逃げる。

・コートの角のところに立つ（自分のかげがコートの外に出るように）。

・踏まれそうになったら、しゃがんで自分のかげを小さくする。

・かげの上に寝れば、かげがなくなって捕まらない。

・太陽と反対に逃げれば、捕まらない。

　発表させるときに、さらに詳しく説明させる。例えば、「かげの上に寝れば、かげがなくなって捕まらない」の意見では、本人が、前で動きながら説明した。「かげの上にこうやって寝ると、かげがほとんどなくなります」。この説明に、「お～」という納得の声が上がった。

　「太陽と反対に逃げれば、捕まらない」の意見は、次時に行う「太陽の向きとかげの向きの関係」につながる。取り上げて「太陽とかげの向きを調べてみよう」という目標として投げかけておく。また、発表後、以下のように指示し、書かせると様々な気づきが残せる。

> 「かげ踏み遊び」の学習で、「わかったこと」「気づいたこと」「これから調べたいこと」を書きましょう。

　この後の休み時間も「かげ踏み遊び」をする児童がいる。逃げるこつを使い、自分のかげを前に見て攻撃するなどの発見を言いにくるので、次時につなげていく。

（関澤陽子）

① 端末を使って 実験結果を写真で記録し、考察をまとめる

写真に考察を書き込むことで見えない空気を表現させる

第1次　とじこめた空気（4時間）本時3・4時間目
第2次　とじこめた水（2時間）

❶ 予想したことを実験で確かめる（3時間目）

⑴ 前時の予想から実験を計画する

　1時間目に、空気でっぽうや風船など様々な物に空気を閉じ込めて、押したときの様子を調べる実験を行う。

　2時間目には、「閉じ込めた空気を押すと、空気はどうなるか」について、実験の様子を写真に撮ったり図で書き表したりして予想し、話し合いをする。

　3時間目は、前時の予想（右写真）を基に実験を計画する。

　「おすと空気はちぢむ」という予想を確かめるには、どのような実験をすればよいでしょうか。

空気でっぽうは、玉が飛び出してしまうので「空気がちぢんだ」ことがはっきり確かめられない。風船は形が変わるので、「空気がちぢんだ」のか移動しただけなのかがわからない。話し合いの中で、空気が抜けず、形の変わらない物を使う必要があることに気づかせる。

(2) 実験を行い，記録する

実験の計画で話し合ったことをもとに、注射器を使って実験を行う。

準備物や実験方法を教科書で確認する。ピストンを押し込むときに、注射器を壊したり、手をけがしたりすることがある。事故やけがを防ぐための注意事項の確認を忘れずに行う。

> 注射器に閉じ込めた空気を押して、体積の変わり方や手ごたえの変わり方を調べます。「押す前」と「押した後」の写真を撮ってスライドに貼り付けて、結果を書き込みましょう。

各学校の学習者端末で使用できるソフトを利用して結果の記録をさせる。（本実践は、MetaMoji ClassRoomを使用した。）

おしていないとき	おしているとき
	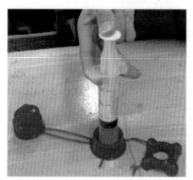
空気がたまったまま	手ごたえがある

「注射器の目盛りを使って体積を表している」など、参考になる記録方法を
スクリーンに映して共有する。

❷ 実験結果をまとめ、深める（４時間目）

(1) 結果を使って考察する

前時に、学習者端末に記録した実験結果を使って考察をさせる。

> 実験の結果から、「閉じ込めた空気を押すとどうなるか」を考えます。
> 空気は目に見えないので、閉じ込められた空気の様子を予想しながら考
> えます。絵で表しても、言葉で表してもいいです。

空気

・空気がゴムと同じように
戻ろうとしている。

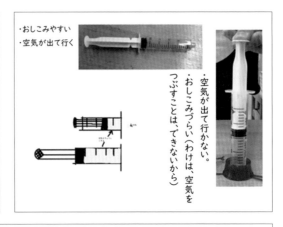

・おしこみやすい
・空気が出て行く

・空気が出て
行かない。
・おしこみづらい（わけは、空気を
つぶすことは、できないから）

・注しゃ器をおせばおすほど、
注しゃ器の持ち手のところが
下がりにくくなった。きっと、空
気の体積が小さくなり、おし返
そうとするんだと思う。

・少し力を入れても、注しゃ
器の持ち手を全ておし下げるこ
とはできなかった。空気のおし
返す力が大きくなったからだと
思う。

・注しゃ器の持ち手を放すと、
持ち手が元の位置にもどった。
空気が持ち手をおし返すからだ
と思う。

作業中に上手に表現している児童の画面をスクリーンに映すことで、書き方のヒントになる。

作業後、それぞれが作成した画面を使って、考察したことを発表させる。

⑵ 考察を使ってまとめ、深める

教科書の「まとめ」を読み、ノートに書き写させる。

そして、まとめの言葉を使って、発展問題に挑戦させる。

> 「空気でっぽうの玉が飛び出すしくみ」について、図と言葉で説明します。説明には、「まとめ」の言葉を使いましょう。

空気でっぽうの図を準備して、かき込めるようにする。玉が飛び出すまでは、体積が小さくなっても空気の粒の数は同じであることを確認する。

「まとめ」の言葉を使わせると、ほとんど同じ説明になる。

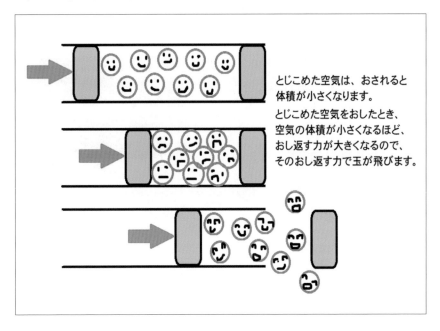

とじこめた空気は、おされると体積が小さくなります。
とじこめた空気をおしたとき、空気の体積が小さくなるほど、おし返す力が大きくなるので、そのおし返す力で玉が飛びます。

（上木朋子）

① 資料を使って、理科的な見方で考察し、まとめる方法を学ぶ

「原因と結果」の書き方を教える

第1次　水を冷やしたときの変化（3時間）本時3時間目
第2次　水を温めたときの変化（6時間）本時6時間目

❶「原因と結果」の書き方を指導する（3時間目）

⑴ 簡単な資料を原因と結果に分けさせる

　前の時間のまとめ「水は氷になると体積が大きくなる」を確認し、右図のようなWebサイトを見せる。
　サイトの内容を以下のように二文にまとめ、資料として配布する。

> 寒冷地では、凍結が原因で水道管が破裂することがあります。
> 破裂するときの気温は－4℃以下なので寒い日は注意しましょう。

発問：前の時間、勉強したことと関係があるのはどちらの文ですか？
　　　児童「一文目」
指示：二文目は今、使わないので線で消しておきます。
説明：一文目は原因と結果に分けることができます（「原因―結果」と板書）。
指示：原因と結果は、どこで分かれますか。斜め線（／）を書きなさい。書けたら、班の中で見せ合いなさい（一名指名して、答えを確認）。

> 寒冷地では、凍結が原因で／水道管がはれつすることがあります。

指示　それぞれ、「原因」「結果」と書き込みなさい。

⑵ **省略されているところを考え、直すことで「原因と結果」の見方を深める**

　教科書の読み物資料は、重複がなく簡潔に書かれている。例えば、次のような文である。

[例文は教科書（教育出版）の文章をもとに書いたもの]

金属も一度とかすことで、形を変えることができます。

　　　↓（前半の原因の部分の省略されている言葉を補う）

金属も一度とかして**えき体にし**、再び冷やして**固体にする**ことで、形を変えることができます。

　この「えき体」とか「固体」のような、省略されている部分を書かせることを「書き直し」として示した。このように、何が省略されているか考えることで、「原因と結果」の見方が深められる。省略されている言葉は、前時までの学習が手掛かりになる。次のような発問で授業した。

> 発問　凍結すると、なぜ水道管が破裂するのでしょうか。省略されている言葉を入れて、原因の部分を書き直します。

指示：班で相談してもいいです。書けたら、ノートを見せにきます。

　　　（早く書けた児童数名分を黒板に書かせる。）

指示：うまくまとまらない人は、黒板を参考にしてよいです。

　相談させると、「体積が大きくなって」「氷がぐっと水道管を押して」のような言葉が多く交わされていた。多くの児童は、省略されている部分に気づき、次のように書き直した。

> 水がこおると水道管より**体積が大きくなる**ので、水道管がはれつする。

❷ 資料を使い書き方を教える（第2次 6時間目）

◆教科書の読み物資料から「原因と結果」を探させる

　前の時間のまとめを読んで、考えさせる。

　「まとめ：水は決まった温度で固体・えき体・気体とすがたを変える」

発問：決まった温度とは、何度ですか。

　　　　「固体になるのが0℃」「気体になるのは、だいたい100℃」

説明：温度を変えるといえば、このような動画があります（「金属」「溶かす」
　　　　などのキーワードで出てきたWebサイトを見せる）。

指示：教科書で金属が溶けることが書いてあるページを探しなさい。

指示：原因と結果の文を探しなさい。（「原因―結果」と板書）

　この指示で、多くの児童が「金属は高温でえき体になる」が「原因と結果」の関係になっていると指摘した。その一文をノートに書き写させ、原因と結果に分けさせた。

発問：省略されている言葉は、何ですか。

　　　　「高温って、何℃くらいか」

発問：どのように調べますか。

　　　　「人に聞く」「図書室で調べる」「インターネットで検索する」

発問：どんなキーワードで検索するとよいですか。

　　　　「金属」「溶ける」「温度」

　　指示　省略された言葉を学習者端末で調べ、原因の部分を書き直します。

指示：班で相談してもいいです。書けたら、ノートを見せにきます。
　　　　（早く書けた児童数名分を黒板に書かせる。）

指示：うまくまとまらない人は、黒板を参考にしてよいです。

　多くの児童は、次のように書き直してくる。

> 鉄やアルミニウムなどの金ぞく
> も、鉄は 1536℃、アルミニ
> ウムは 660℃の温度になると
> 固体から液体になります。

❸ 図を使い「原因と結果」をまとめさせる

　①②の指導に加え、図を使ってまとめる方法を日常的に行うとよい。図解は大切なことをすっきりと表し、問題を見いだしやすくする。

　4年生の「空気の体積の変化」の実験終了後、まとめの場面を例にする。

　空気を温めて体積の変化を調べたあと、次のような図をかく。

空気をあたためる ⇒ 体積が大きくなる

空気をあたためる ⇒ 体積が大きくなる

　まず、原因・結果を確認する。聞きたいことはあるかと問うと「なぜ、空気を温めると体積が大きくなるのか」という質問が多く出される。

　その答えとなる部分を図に□で加え、インターネットで理由を検索させる（空気　体積　大きくなる　なぜ　などのキーワードで調べた）。

　児童が出した答えは「空気は粒でできていて、温めると動きが大きくなるから」であった。「言葉だけではわからないなぁ」とさらに説明を求めると検索で見つけた気体分子の運動モデルの図を使って説明する児童もいた。まさに図解である。

（長田修一）

② 予想を端末で共有し考えを深める

学習者端末を活用し、実験結果を予想し共有して話し合う

【金属、空気、水の順で学習する場合】

（金属、水、空気の順の場合はP.82）

第1次　金属の温まり方（3時間）

第2次　空気の温まり方（2時間）

第3次　水の温まり方（3時間）本時1時間目

❶ 水の温まり方の予想を図で表す（第3次 1時間目①）

　学習者端末を活用すると、児童が予想を書き込み、互いの考えを共有したり、比較して話し合ったりする活動が短い時間で簡単にできる。使用したソフトは、ロイロノートである。

①水の温まり方を矢印で　②温まる順番を番号で

ビーカーの底の
はしを熱する。

⑴ ワークシートを端末に送る

　水の温まり方を予想させる。図は、教師が児童に送って書き込みをさせた資料（ワークシート）である。

　以下のように発問する。

> 水はどのように温まるのでしょうか。左図には、どのように温まるか
> を矢印で、右図には、温まる順番を番号で書き込みなさい。

以下のような手順で、資料を送り、書き込ませる。

①送りたい資料を教師画面に取り込む。

②「送る」機能を使い児童全員に配付する。

⑴ 児童が資料に予想を書き込み、教師に提出する（ロイロノート）

児童は、送られてきた資料に予
想を書き込む。教師は、矢印と番
号で図に表す例を示すとよい。

指やタッチペンなどで書き込む
だけなので、文字入力が苦手な児
童でも、短時間で書き込むことが
できる（写真）。

> 予想を書き込めたら、提出箱に提出しなさい。

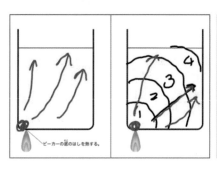

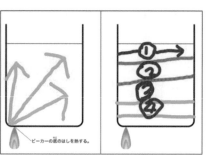

書き込んだワークシートは、以下の手順で、児童が提出することができ、
教師が確認することができる（ロイロノート）。

①教師が提出箱を作る。

②児童が資料を提出する。

③教師が、提出された資料を以下のような画面で確認する。

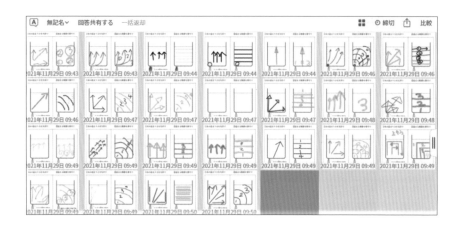

❷ 互いの予想を共有し話し合う（第3次 1時間目②）

⑴ いろいろな方法で意見交流を行う

まず、画面を直接見せ合う（ペアやグループ）活動を行う。

> **自分の予想を隣の子に画面を見せながら説明しなさい。**

隣りの子に画面を直接見せて説明することにより、互いの考えを共有できる。使い方なども教え合いながら、考えを共有することができるので、端末の使い始めに有効な方法である。

次に、児童が共有機能で自由に友達の考えを見合う活動を行う。

> **提出してある予想をクリックして、見て自分の考えと比べなさい。**

早めに提出した児童が、提出済みの友達の考えをクリックし見る方法である。全員の児童が提出し終わるまでの空白の時間を埋める効果もある。

⑵ 発表したい児童や意図的指名で教師が全体に画面を配信する

> **○○さん、予想を説明しなさい。**

　特定の児童の画面を教師が配信することにより全画面表示となる。発表する児童は、画面にアンダーラインやポインターを使って強調しながら、自分の考えを説明することができる。

⑶ クラスの予想を分類したり、比較して整理したりするために共有する

　代表的な予想を示し、画面を共有した状態で、以下のように発問する。

> 自分の予想は、どれですか。
> Ａ 金属と同じ温まり方　Ｂ 空気と同じ温まり方　Ｃ どちらでもない

　自分の予想は、どの予想かを考えさせる。その後、理由を言って話し合う。児童は、「Ａに賛成です。なぜなら〜」という言い方をし、自分の予想の画面を大きく見せながら、話し合うことができる。

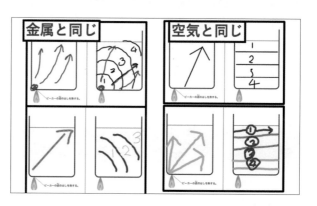

　右のＱＲコードは、指導案・授業コンテンツ共有サイトTOSS LAND（https://land.toss-online.com/）の中の「物の温まり方」単元の授業指導案にアクセスできる。

サーモインクで物の
温まり方を調べよう③

（関澤陽子）

③ 実験の予想や結果を 図で共有し、物の温まり方の 違いを比べる

予想を十分に話し合い実験し、3つの実験を比べ違いを考えさせる

【金属、水、空気の順で学習する場合】

（金属、空気、水の順の場合はP.78）

第1次　金属の温まり方（2時間）

第2次　水の温まり方（4時間）本時3・4時間目

第3次　空気の温まり方（2時間）本時2時間目

❶ 試験管の水を温める（第2次 3時間目）

⑴ **単元を貫く目標**

本単元を貫く目標を、以下のように設定する。

> 金属、水、空気の温まり方の違いを見つけよう

物の温まり方は、物によって温まり方が異なる。本単元では、以下の3つを扱う。

　① 金属　② 水　③ 空気

この3つの温まり方の違いや特徴を捉え整理させることが、本単元の目標となる。

この学習を通して、エネルギーとしての熱の伝わり方の理解へとつなげていく。

⑵ 予想し実験で確かめる

> 試験管の水は、どのように温まるか。

予想を図と理由を使って書かせる。発表させたところ、以下の３つに分かれた。

A：上から下に温まる。

B：下から上に温まる。

C：全体がだんだん温まる。

理由は、以下のとおりである。

B：金属は温めたところから順に温まったから、同じだと思う。

A：水は、金属のように固くないので温まると動くと思う。

A：お風呂を温めたとき、上から熱くなったから。

C：水は動くから、全体が一緒に温まると思う。

図は、意見を交流するときに、賛成意見は○、反対意見は×を書かせたノートである。

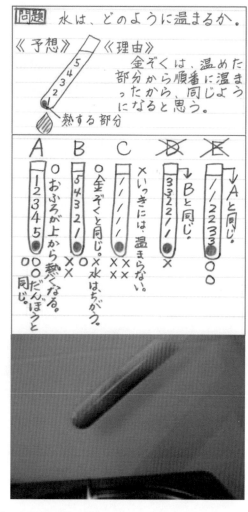

示温インクは、40℃を超えると青からピンクに変わる。「下を温めても、温められた水が上に上がり、上から温まっていくこと」が目で見てよくわかる。

❷ ビーカーの水を温める（第2次 4時間目）

(1) 予想し実験で確かめる

> ビーカーの水は、どう温まるか。

　予想と実験の結果が、右の写真である。実験をする前の予想を、黒板の上部にかかせ、結果を下部にかかせた。

　このことで、お互いのグループの予想を比較し合うことができた。

そして、実験の結果をまとめることで、予想と結果の違いを考えることができた。

　黒板に結果の図をかかせることは、先に実験が終わるグループの空白の時間を埋めるための時間調整となる。

❸ 3つの温まり方の違いをまとめる（第3次 2時間目）

(1) 3つの温まり方を比べる

　本単元の学習は、金属、水、空気の温まり方を比較させることが重要である。そのために、単元を通して実験の結果を映像等に記録しておくとよい。

　以下のような画像を見せながら、問う。

> 金属、水、空気の温まり方の違いを比べまとめなさい。

この発問のポイントは、金属と水・空気の温まり方の違いに気がつけるかということである。

⑵ 温まり方の違いを、図解させる

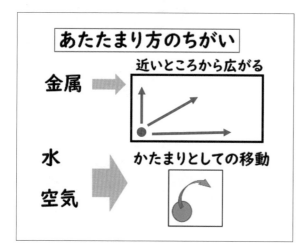

　図のようにまとめることにより、温まり方の違いがわかりやすくなる。図のQRコードは、指導案・授業コンテンツ共有サイトTOSS LAND（https://land.toss-online.com/）の中の

「物の温まり方」単元の授業指導案にアクセスできる。

試験管の水の温まり方①　　試験管の水の温まり方②　　　　　　　　（松本一樹）

① Jamboardで予想を共有して、結露実験の方法を考える

予想共有し、確かめる実験を考えさせる

第1次　水のゆくえ（3時間）
第2次　空気中にある水（4時間）本時2〜4時間目

❶ 水滴が付く様子を観察させ原因を予想させる（2時間目）

⑴ ビーカーの外側に水滴が付く様子を見せる

ビーカーと冷たい水を用意する。以下のように発問し、予想させる。

> ビーカーに冷たい水を入れたら、ビーカーの外側はどうなりますか。

【児童の予想】

・水滴が付く。

・水が周りに付く。

・空気中の水分がビーカーに付く。

この後、大型モニターなどで見せながら、演示実験を行う。タブレットスタンドで固定して撮影すると、手振れなく水滴が付く様子を見せることができる。タブレットスタンドは、台所のまな板立てでも代用できる。

まな板置きで撮影した様子

(2) ビーカーの外側に付いた水滴が、どこからきたのか考えさせる

> この水滴は、どこからきたのでしょうか。

このように発問し、考えをノートに書かせた後、意見を交流する。

【児童の予想】

・中の水が伝わって出てきた。

・中の水がしみ出た。

・空気中の水分が冷やされて付いた。

多くの児童が、「コップの中の水がしみ出した」のではなく、「空気中の水蒸気が冷やされて付いた」に賛成する。

理由は、以下のようである。

【予想の主な理由】

・ビーカーはガラスでできているから、しみ出すはずがないから。

・下からもれているのではないから。

・しみ出すならば、もっとビーカーの下に水たまりができるはず。

このような意見がたくさん出される。

(3) 実験の方法を共有する

以下のように発問する。

> 予想を確かめるには、どんな実験をすればよいですか。

ノートに書くのではなく、Jamboardというアプリを使う。

Google Classroomで、発問を書いた資料を児童に配付する。方法が書けた児童から、Jamboardで互いの考えを共有させる。

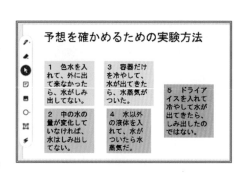

資料に児童が書き込んだもの

右のQRコードから、ドキュメントと
Jamboardの雛形をコピーすることがで
きる(データは閲覧のみになっているの
で、コピーして使用すること)。

❷ 交流した方法を生かし、3つの実験をする（3・4時間目）

児童の予想を交流した結果から、3つの実験を行う。

【実験1】色水を使った実験

水に色を付けて実験する。

色水を入れて実験し、外に色水が出れ
ば、中の水がしみ出た。色が付かなければ
しみ出ていないと言える。ティッシュペー
パーなどで外側の水滴をふいて確かめる。

色水を使った実験

【実験2】ラップフィルムを使った実験

ビーカーの中の水が出て行かないよう
に、ラップフィルムをする。初めに入れた
水の水面に、印を付ける。

しばらくして水の量が減っていれば、中
の水がしみ出たことになる。同じなら、中
の水が出ていないと言える。

ラップフィルムを使った実験

【実験3】水を入れない冷えたコップの実験

　中に水を入れずに、コップだけを冷やして実験する。

　冷やしたコップに水滴が付けば、中の水がしみ出たのではないと言える。

　また、湿度の高い夏では、凍らせた保冷剤を容器の下に置くと観察できる。

冷えた空のビーカーの実験

　3つの実験を行う時間がなければ、各班で1つ選択して実験させる。

　実験の動画を撮影させ、全体で共有して観察するとよい。動画は、タブレットスタンドなどで撮らせる。

　動画を撮るときに、タイマーを一緒に撮影すると時間の経過もわかる。

タイマーと一緒に撮影する

　3つの実験の結果を共有したあと、実験をまとめさせる。最初の演示実験をもう一度見て思い出させ、初めの課題を確認する。

　「空気中には、水蒸気が含まれていて、冷やすと水になる」ということをまとめさせる。

　最後に、生活の中の結露に結び付け、結露を防ぐ方法を考えさせてもよい。ホームセンターなどには窓の結露を防ぐ商品なども販売されている。ほかにも、雨がほとんど降らない砂漠にすんでいる昆虫は結露の水によって生きている、などの話もできる。

（神原優一）

① 端末に結果を書いてまとめる

Jamboard を活用して、乾電池の直列つなぎと
並列つなぎの違いをまとめる

第1次　電流のはたらき（2時間）
第2次　乾電池のつなぎ方（5時間）本時1〜3時間目

❶ 乾電池2個のつなぎ方を考え、明るさを比べる（1時間）

⑴ **乾電池2個のつなぎ方を考えて回路を描いて予想し、実験する**

　教科書では、乾電池2個をモーターにつないで、回る速さを調べる活動になっている。モーターの回る速さは、見た目ではわかりにくい。

　モーターではなく、豆電球を使って明るさを比べる方がわかりやすい。

> 　乾電池2個のつなぎ方を考えて、Google Jamboardに回路を描きなさい。

　乾電池と豆電球が動かせるようになっているGoogle Jamboardを班ごとに配付し、回路を描き込ませる。シートをたくさん作成し、1人1つ描き込ませた後、班で話し合いながら1枚のシートにまとめさせる。

> 　3つの予想から1つ選び、四角に予想を移動させなさい。

　3つの予想とは、「乾電池1個より明るい」「乾電池1個と同じ明るさ」「乾電池1個より暗い」の選択肢である。選んだ予想の言葉を四角に移動させる。

　予想が合っているかを実験させた後、結果も３つの選択肢から選んで移動させる。

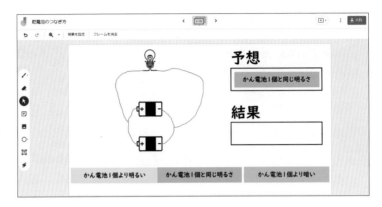

(2) 結果を確認して、ノートにまとめる

　実験が終わった後、次のようにまとめる。

　豆電球が乾電池１個のときより明るくついた回路のつなぎ方…直列つなぎ

　乾電池１個と同じ明るさの回路…並列つなぎ

　乾電池のどの極がつながっているのか、回路の途中で分かれているか、いないかなどの特徴ををノートにまとめさせる。

　右のQRコードを読み込むと、Google Jamboardをコピーして使うことができる。読み込むと次のように出てくる。「コピーを作成」をクリックすると、自分のドライブにコピーできる。自分のものになるので、いろいろと試して使うことができる。

⑴ 検流計で電流の大きさを調べる

　（班で1台の学習者端末を用意して）3つのシートの回路を作って、電流の大きさを調べなさい。

　手順を示したGoogle Jamboardのワークシートを班ごとに配付し、実験して電流の大きさを調べ、ワークシートに記録する。3つのシートとは、「乾電池1個のとき」「乾電池2個の直列つなぎのとき」「乾電池2個の並列つなぎのとき」である。検流計とスイッチが動かせるようにしてあるので、動かしたあと回路を作って電流の大きさを調べさせる。手順カードを配付するだけで、説明しなくてもカードを見ながら班で協力して、実験を進めることができる。教師は、その間サポートに回ることができる。

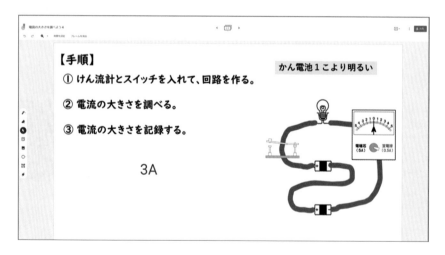

⑵ 班ごとに発表して、まとめさせる

　実験の結果を班ごとに発表しなさい。

　端末のGoogle Jamboardをテレビなどに映し出し、班ごとに発表させる。すべての班が同じような結果になる。乾電池2個の直列つなぎは、乾電池1

個の値の約2倍になり、並列つなぎは、乾電池1個と同じ値になることがわかる。

　これを表や文章でまとめる。このとき、豆電球の明るさも一緒に記載しておくとわかりやすい。

かん電池	電流の大きさ （けん流計の目もり）	豆電球の明るさ
1こ	1.5	
2このちょく列つなぎ	3	1こより明るい
2このへい列つなぎ	1.5	1このときと同じ

　文章では、「かん電池2個を直列につなぐと、電流が大きくなった」「かん電池2個をへい列につなぐと、電流はかん電池1個のときと変わらない」のようにノートにまとめる。

　最後に、教科書ではモーターの回る速さで行っているので、豆電球の明るさが明るいのは、モーターの回る速さが速いことと同じだということをおさえる。

　前ページのように、右のQRコードを読み込み、「コピーを作成」を、Google Jamboardをコピーして使うことができる。

❸ 明るさが違う理由を考える（3時間目）

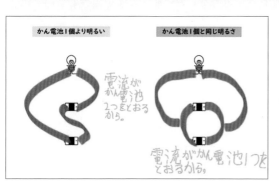

かん電池1個より明るい　　かん電池1個と同じ明るさ

　直列つなぎと並列つなぎでは、なぜ豆電球の明るさが違うのかをGoogle Jamboardにかき込ませて、考えさせる。

（尾川智子）

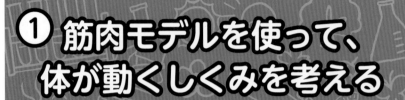

① 筋肉モデルを使って、体が動くしくみを考える

何度も繰り返しモデルを動かし、体験して筋肉の働きを考える

第1次　人の体が動くしくみ（3時間）本時2・3時間目
第2次　動物の骨と筋肉（2時間）

❶ 筋肉モデルを使って腕の動きを考える（2時間目）

⑴ **筋肉モデルの作り方**

【用意するもの】

　ストッキング、プラスチック段ボール、ボルトとナット、結束バンド、綿

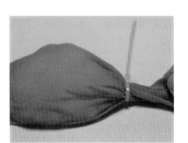

【作り方】

① ストッキングの片足を3等分する。

② ①に綿を入れ、両端を結束バンドで止める。筋肉が1つできる。同様にしてもう1つ作る。

③ プラスチック段ボールを図の型紙で切る。

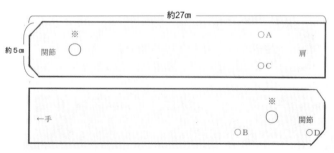

④ ストッキングの端をAとBの穴に入
　れて止める。結束バンドの位置を決
　め、残りを切る。

⑤ もう１つの筋肉をCとDの穴に入れ
　て④と同様にする。

QRコードは、指導案・授業コンテ
ンツ共有サイトTOSS LAND（http
s://land.toss-online.com/）の中の
「筋肉モデルで考えよう①②」の授
業指導案にアクセスできる。

⑵ 筋肉モデルを使って腕の動きと筋肉の働き方を考える

　筋肉モデルは、２人に１つかグループに
１つあるとよい。このモデルを使って腕の
動きと筋肉の働き方を考えさせる。

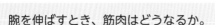
　腕を曲げるとき、筋肉はどうなるか。

　児童の意見は、「上の筋肉は、縮んだ。小
さくなった」「下の筋肉は、伸びている」と
なる。

　腕を伸ばすとき、筋肉はどうなるか。

　児童の意見は、「上の筋肉は伸びた。横に細くなった」「下の筋肉は、縮ん
だ」である。

　教科書のまとめの言い方に合わせて、以下のように言い方を統一してお
く。

　腕を曲げるとき、上の筋肉は「縮む」、下の筋肉は「ゆるむ」。
　腕を伸ばすとき、上の筋肉は「ゆるむ」、下の筋肉は「縮む」。

⑶ **筋肉のしくみで腕を動がして働きを確かめる**

　ここまでの実験は、骨のモデルであるプラスチック段ボールを動かして、筋肉の動きを調べただけなので、筋肉の働きを十分に実感できない。以下のように筋肉モデルで実験させることで、筋肉の働きがよくわかる。

　　　上下の筋肉を縮めて、腕の曲げ伸ばしをしてみましょう。

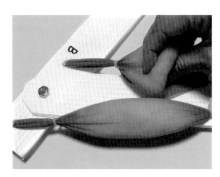
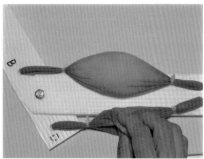

　左のように、上の筋肉を縮めると腕を曲げることができ、右のように、下の筋肉を縮めると腕を伸ばすことができる。

❷ 筋肉の付け方を考えさせて、さらに深める（３時間目）

　以下のようなパーツを使い、筋肉を骨（プラスチック段ボール）のどこに付ければよいかを、グループで話し合って考えさせると、さらに活動を深めることができる。

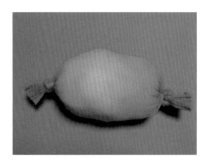

腕の骨のどこに筋肉を付ければ、曲げることができるか。

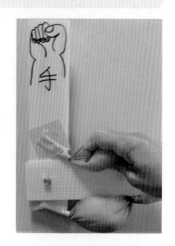

　図のように、筋肉をビニルテープで付けて「筋肉がどこに付いていれば、腕を曲げることができるのか」を考える活動を行う。

　一度に筋肉２つを付け「曲げ伸ばし」を考えるのは混乱する。「筋肉１つをどこに付ければ曲げることができるか」と限定して行う。グループで話し合い、仮にテープで付けて動かしながら考える。グループごとにモデルを動かしながら、骨に付けた位置と動く理由を発表させ交流する。その後同様にして、腕を伸ばすためにはどこに筋肉が付いていればよいかも考える活動をする。

　最後に発展として、足モデルのようなパーツを使い、足の動きも考えさせるとよい。手のプラスチック段ボールの裏に、足バージョンを描いておき、裏返すと足の筋肉モデルになるようになっている。以下のように発問して行う。

足の骨のどこに筋肉を付ければ、ボールを蹴ることができるか。

　蹴る足の動きに合わせて、筋肉をどのように付けて動かすとよいかを、グループで全部考えさせ、発表し交流する。

（関澤陽子）

4年⑤　あたたかさと生き物「暑くなると」(7時間)

①ヘチマの成長と気温の変化をスプレッドシートでグラフ化する

スプレッドシートで記録・グラフ化することで考察しやすくなる

第1次　ヘチマの成長の観察の計画を立てよう（2時間）

第2次　ヘチマが成長していく様子を観察しよう（3時間）本時1～3時間目

第3次　ヘチマの成長と気温との関係を考えよう（2時間）本時1時間目

❶ 学習者端末を使って観察カードを作る（第2次 1～3時間目）

⑴ 視点をもって観察するために

　端末を使って、観察するたびに写真を撮りスライドを作成する。

　図のように観察したことの6点セットを必ず書くようにさせる。

①タイトル　②日付
③天気　④気温　⑤時刻
⑥ヘチマの茎の長さ

ヘチマの観察　7月5日　晴れ　気温25度　10時

茎の長さ
1m40cm

大きな葉っぱ
20cm

7cm

小さなヘチマの子供みたいのができてきた。

自分の手より大きな葉っぱがあった。

前よりも緑が濃くなった

⑦気づいたこと、などをスライド内に書き込んでいく。気付いたことを書かせるときには、以下のように指示する。

> 葉の枚数などの数字を必ず入れなさい。

　葉の枚数や、葉の大きさなども書き込ませていくと、成長していく様子が数値で捉えやすくなる。

⑵ 細かな部分に、目を向けさせるために

　ただ「観察しなさい」というだけだと絵を描いて、長さを測るだけで終わる児童もいる。目的意識をもち、細かな点まで観察させるためには発問を工夫するとよい。たとえば、ヘチマが発芽直後の観察前には次のように発問する。

> 上から見たとき、葉はAのように出ていますか。Bですか。

　発問後、観察に行かせると、子どもたちは横からだけでなく、図のように上からの写真も撮るようになる。

　少し成長してきたら、次のように発問する。

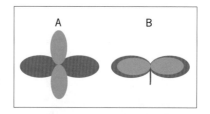

> ヘチマの一番先は、Aのような茎ですか？　Bですか？

　他にも「自分の手より大きい葉はあるか？」などもよい。発問をしてから観察に行かせることで、だんだん詳しく観察できる子が増える。また、よい観察カードを共有して、広めることでさらによい観察カードが書けるようになる。

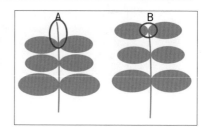

❷ 茎の成長と気温の変化をグラフ化する（第3次 1時間目）

⑴ 茎の長さのデータをグラフに表す

　1人ずつスプレッドシートを開き、以下の手順で行う。

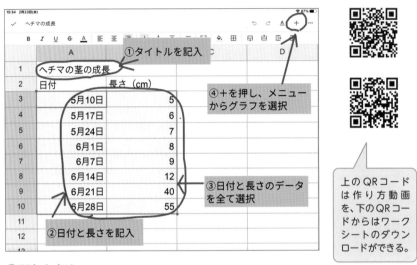

上のQRコードは作り方動画を、下のQRコードからはワークシートのダウンロードができる。

①題名を書く。

②日付と茎の長さを打ちこむ（記録を全て記入）。

③日付けなど全てを選択する。

④＋ボタンをクリックし、グラフの種類の中から縦棒のグラフを選ぶ。

⑤左上の✔をクリックする。

　このようなグラフが出来上がる。

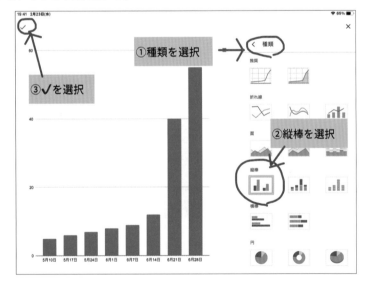

(2) 気温のグラフとヘチマの茎の成長のグラフを比べる

以下のように発問する。

> **気温の変化とヘチマの茎の伸び方に、関係がありますか。**

　毎回の気温の記録では、児童によって気温差がある。また、観察の時間によっても気温が変わる。そのため、毎回の記録だけでは、気温の上昇とヘチマの成長を関係付けにくい。以下のサイトを紹介し、示すとよい。

　検索エンジンで「過去天気」と調べると日本気象協会の「天気.jp」の過去の天気情報が見つかる。「天気.jp」とは、一般財団法人日本気象協会が運営している天気予報を提供するウェブサイトである。全国各地の天気予報、地震情報や注意報・警報、桜の開花予想や紅葉情報等季節に応じた暮らしに役立つサービスを提供している。

　このサイトで、観察日の学校付近の最高気温を調べ記入する。気温の部分を選択し、グラフ選択画面で折れ線を選ぶ。茎の成長と気温のグラフを並べ、気温が上がるにつれてどんどん成長していることを確認する。

（藤西　孝）

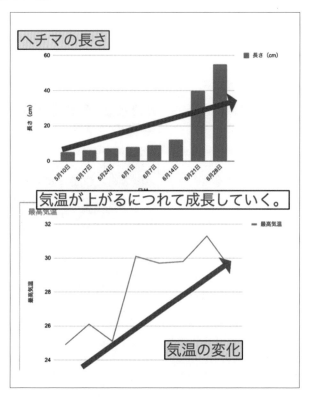

② 端末で記録を残し、１年間の植物の季節による変化を見いだす

端末で残した植物の写真や記録文を見比べる

第１次　植物や動物の様子（２時間）
第２次　記録の整理（２時間）本時１・２時間目

　本時までに「自分の木」を決めて、春・夏・秋・冬の最低４回は観察を行い、学習者端末を使って写真を撮り記録してきている。
「自分の木」を決めることで、愛着をもち、意欲的に観察することができる。

　定期的に観察し、記録してきた写真を整理すれば１年間の様子を振り返ることができる。

　記録カードには、図のように、「月日」「気温」「場所」を記入させ、端末を使ってまとめさせる。

4月8日　気温20℃
中庭のサクラ

花がさいていました。

　１年間の記録のとり方を左、１年間のまとめを右、のように記録文の入れ方を工夫するとわかりやすくなる。

❶ 1年間の記録を整理する（1時間目）

⑴ 記録を順番につないで、整理する

> 観察した記録カードを順番に並べて、1枚にまとめなさい。

　端末を使って、図のように月日、気温、気付いたことを書き込ませ、1枚にまとめさせる。

⑵ 記録カードをまとめた資料を見て、考察・発表の準備をする

> 自分の資料を見て、「わかったこと」「気づいたこと」「思ったこと」をノートに箇条書きで書きなさい。

時間を5分程取り、ノートに箇条書きさせる。このノートが次の発表原稿に役立つ。右は、ノートに箇条書きをさせたものである。

① 冬に葉がない

② 春になると葉がつく

③ 葉がかれた後に、芽ができていた.

【児童の意見】

・「春から葉が出て大きくなり、冬にかれ、また春、葉が出る」となり、もとにもどっている。

・夏は、どの木も葉が多い。

・冬は葉が全くない。

・葉が枯れた後に、芽ができている。

などの意見が出される。

「自分の木」が1年間で、どのように変わったかを発表できるように、準備し練習しなさい。

箇条書きにしたものを基に、発表練習をさせる。

この練習の時に、動画機能を使い、グループで互いに発表練習を撮って見直すと、発表のしかたが上手になる。

❷ 端末を使い、1年間の木の変化の発表を行う（2時間目）

⑴ 端末を使って、グループごとに発表会を行う

「自分の木」が1年間で、どのように変わったかをグループで発表する。

4人1グループで、「自分の木」が1年間でどのように変わったかを発表させる。1人数分で交代して終わるので、4人発表しても15分程度で発表することができる。

⑵ 発表を基に、考察する

> 植物の様子の変わり方と気温との関係で、わかったことをノートに書きなさい。

ノートに書くときに、「気温が高くなると、○○○。」「気温が低くなると、○○○。」と書くように伝える。

「気温が高くなると、葉が多くつく。」「気温が低くなると、葉がかれてしまう。」といった意見が出る。

> 植物の写真を順番に並べなさい。

発表の中で、「植物の様子を順番に並べさせる問題」を出すこともできる。この写真は、子どもが撮った写真を使い、Google Jamboardを使用して問題を作ったものである。

https://jamboard.google.com/d/1yiIdOvNEwhmUx6udjOtyK7zgk8SK2FHeTmXfoiENARE/copy?usp=sharing

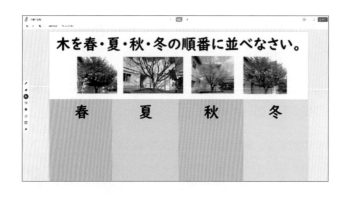

QRコードを読み込み、Google Jamboardでコピーして使うことができる。
（写真は、ご自身の学校で撮影したものに差し替えてお使いください。）

（尾川智子）

4年❻ 雨水のゆくえと地面の様子（5時間）

① 雨の日の校庭の水の流れを予想し端末に書き込み話し合う

予想を端末に書き込み、根拠のある予想を発表する力を養う

第1次　雨水の流れ方（3時間）本時1〜3時間目
第2次　水のしみこみ方（2時間）（1・2時間目はP.110）

❶ 雨水の流れる方向を予想し写真に書き込む（1時間目）

　①と③で使用しているソフトは、ロイロノートである（Google Classroomなど他のソフトを使っても、同様の活用が可能である）。

⑴ 雨の日の校庭に出て観察し、予想を写真に書き込む

　導入は、雨の日に行えると一番よい。教科書にある「雨の日の校庭の様子の写真」を見せながら、以下のように発問・指示する。

> 　校庭には、どこに水たまりができているでしょうか。校庭に出て、水たまりやその周りの様子を観察しましょう。

　15分程度校庭に出て観察する。教室に戻り、以下のように発問する。

> 　地面に降った雨水は、どこからどこへ流れるのでしょうか。写真に水の流れを矢印で書き込みましょう。

　雨の日の校庭の写真を以下のような手順で児童に配付し、学習者端末を使って、書き込ませる。

①送りたいワークシートを教師画面に取り込む。

②「送る機能」を使い、児童全員に配付する。

⑵ 児童が写真を教師に提出し考えを共有する

児童は、送られてきた写真に予想を書き込む。タッチパネルを使い、指で書くだけなので、文字入力が苦手な児童でも、短時間でできる。

下は、実際に児童が書き込んだ画面の例である。

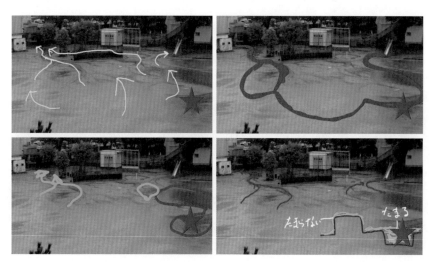

> 予想を書き込めたら、提出箱に提出しましょう。

児童が書き込んだ写真を以下の手順で共有する。

①教師が提出箱を作る。

②児童が書き込んだワークシートを提出する。

③教師が、提出された写真を共有させ、児童に話し合わせる。

教師が共有機能で画面を共有し、画面を見ながら話し合うことができる。

写真の★印は、この水の流れの意見が分かれ、話し合いが深まった部分である。

【児童の主な発表】

・★は、南に水が流れている。どこも南に向かった流れだからだ。

・★は、北に流れている。★の所に水がたまるのは、そこがへこんでいて、ここだけ北に向かって流れているからだ。

この結果を次時に校庭で確かめる。

❷ 校庭で実験し、校庭の傾きを確かめる（２時間目）

以下のように指示し、雨の日の翌日に校庭に出て実験をする。

> 雨水が流れていたところの地面の傾きを調べよう。

写真は、（100円ショップで買える）タッパーとビー玉を用いた、傾きを調べる実験道具である。結果を、予想で使った写真をプリントアウトしたものに、直接書き込んで記録する。右下は、議論となった水たまり

周辺の傾きを調べている様子である。校庭にできている筋は、南に向かって傾いているものが多い。しかし、水たまりの部分は、地面が少しへこみ、北に傾いているところもあり、水がたまりやすくなっていることがわかった。

❸ 結果を書き込み予想と比較してまとめる（3時間目）

結果を写真に書き込んで、図や言葉でまとめましょう。

　実験結果は、端末を使い、図やわかったことを1時間目に使用したのと同じ写真に書き込んだ。

　全体で共有し、画面を教師が配信することにより全画面表示にする。発表する児童は、画面にポインターを使って強調しながら、自分のまとめを説明することができた。

　図のQRコードは、指導案・授業コンテンツ共有サイトTOSS LAND（https://land.toss-online.com/）の中の「雨水の行方」単元の授業指導案にアクセスできる。

　また、地理院地図（電子国土Web）では、10cm単位で標高が分かる。このサイトから、校庭に水たまりができるところは、低くなっていることが分かる。

雨水の行方①

雨水の行方②

地理院地図サイト

（関澤陽子）

109

❷水のしみ込み方の違いを端末でまとめ、考察して話し合う

学習者端末を活用し、実験結果を予想し考察を共有する

第1次　雨水の流れ方（3時間）（1・2・3時間目はP.106）

第2次　水のしみこみ方（2時間）本時は1・2時間目

❶ 雨天後の校庭と砂場の地面の様子を比べる（1時間目）

導入は、雨上がりの校庭に出て行う。以下のように指示する。

> 雨が降ったの後の校庭と砂場の地面の様子を比べます。違いを見つけ、発表しなさい。

数多く発表させる。「砂場の方には水がたまっていないけど、校庭の方は水がたまっている」などの発表がある。

実際に地面を触ることができるので、手ざわりや粒の大きさに関する意見も出てくる。

教室に戻り、以下のように発問する。

> 地面によって水のたまり方が違いましたね。どうしてだと思いますか。

予想を発表させた後、土や砂に関する発表を取り上げ、さらに指示する。

> 校庭の土と砂場の砂では、どのような違いがあるか、観察をしなさい。

見つけたことを表にして、ノートに書かせていく。

	校庭	すな場
手ざわり	・しっとりしている ・ゴツゴツしている。 ・かたい。 ・かたまっている。	・さらさらしている。 ・やわらかい ・かたまっていない。
観察した ようす	かたまっているけれど <u>粒が小さい</u>。○	・ばらばらだけど、 <u>粒が大きい</u>。○

　発表させて、互いの意見を確認させる。

　最後に、「校庭の土と砂場の砂、水のしみこみ方について、次回、実験をしてみましょう」と言って次時につなげる。

❷ 実験して、考察について話し合う（2時間目）

　使用しているソフトは、Meta Mojiクラスルームである。

　教科書に掲載されている実験装置を事前に用意しておく。

　プラスチックコップには一方に砂場の砂、もう一方に校庭の土を入れる。入れる砂と土の体積は同じにする。

　2つのビーカーに同じ量の水を入れ、写真のように、砂と土を同時に入れる。その後は、水のしみこみ方を観察させる。

　ワークシートとなる資料を児童の端末に配付して、書き込ませる。

ここでのポイントは、結果と考察を分けて書かせることである。考察について、授業の後半で話し合わせることで、深い学びにつなげる。

　教師用端末を使って、児童の書き込んだワークシートをチェックし、どの考えを取り上げるか、考えておく。

---

6 月 24 日 校庭の土とすな場のすな、水のしみこみ方のちがいを調べる

すな場のすな

校庭の土

●結果●

水の落ち方はすな場のすなの方が早く落ちました。
校庭の土の方がおそかったです。

●考察●

校庭の土はつぶが小さく、すな場のすなはつぶが大きいので
すな場の方が水が早くしみこんだと思います。

（理）校庭の土はつぶが小さいので、たくさんのつぶが１つずつ水をすったからです。

　まず、上図Ａさんのワークシートを扱った。

　考察には、「校庭の土は粒が小さく、砂場の砂は粒が大きいので、砂場の方が水が早くしみ込んだと思います。つまり、校庭の土は粒が小さいので、たくさんの粒が１つずつ水を吸ったからです」と書かれている。

　これに対して、反対意見が出た。

　「粒が水を吸いこんだのなら、粒が大きくなるけど、校庭の土の粒が大きくなったというか、膨らんだようには見えません」。

　「この前、校庭の土を観察したけど、吸い込むような穴はありませんでした。だから、水を吸い込んだから、校庭の方がしみ込むのが遅くなったのではないと考えます」。

　その後、話し合いは、粒の大きさと隙間の関係についての意見が次々と発表された。

●考察●

　すな場のすなはつぶが大きくて、すき間があったから早く水がしみこんだ。校庭の土はつぶが小さくて、すき間がほとんどなかったから水がしみこむのがおそかった。つまり、つぶの大きさがちがうから。

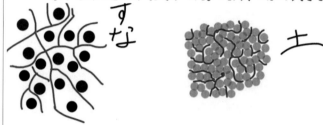

　その中で、Bさんは、イラストを描き込んだワークシートを見せながら、意見を言った。

　「砂は粒が大きくて隙間があるから水が早くしみ込んだけど、校庭の土の方は、粒が小さく隙間がほとんどないから、水がしみ込みにくいと思います」。

　このイラストを見たAさんは、「そういうことか」と納得していた。このイラストによる説明は、他の子どもたちから「わかりやすい」という声が出た。自分のワークシートに真似してイラストを描き始める子も出てきた。

　このように、学習者端末を使って考察の違いを全体で共有し、話し合いをさせることで、粒の大きさと水のしみ込み方の関係について、隙間という視点で考えさせることができた。

（上木信弘）

4年 7 天気と気温（6時間）

① 気温の記録をスプレッドシートでグラフ化し、考察する

学習者端末を活用し、グラフ化と過去の気象データを検索させる

第1次　晴れの日の朝と昼の服装の違い（1時間）本時

第2次　晴れの日の気温の観察とまとめ（2時間）本時1時間目

第3次　曇りや雨の日の気温の観察とまとめ（2時間）

第4次　天気による気温の変化についてのまとめ（1時間）本時

❶ 晴れた日の朝と昼の服装の違いから気温の変化を考えさせる（第1次）

⑴ 扉絵から晴れの日の気温の変化を調べる意欲づけを行う

　教科書の晴れの日の朝と昼の子どもたちの服装の違いがわかる写真を見せて、以下のように発問する。

> 2つの写真を比べて、「わかったこと」「気づいたこと」「思ったこと」をノートに書きなさい。

　3分ほど書かせた後に交流する。多くの児童が、昼は上着を脱いで半袖になっていることに気づく。このことから「晴れの日の気温の変化はどうなっているのか」という疑問をもち、気温の観測への意欲が高まる。

⑵ 観察の方法を確認する

　3年生で地面の温度を測っている。今回は気温なので「空気の温度」を測ることを確認する。また、日なたと日陰では地面の温度が違ったことを想起

させ、日なたで観察する必要性にも気づかせる。

実際の観測は、休み時間ごとになる。1日晴れになりそうな日を選んで観察させる。

底部に穴を開け温度計を通す

牛乳パックの覆い

（気温を測るときに気を付けること）

①建物から遠く、1日中日当たりのよい場所を選ぶ。

②覆いを付け、温度計に直射日光を当てない（写真）。

③温度計の温度が変わらないのを確認してから読む。

④毎回同じ場所で測る。

⑤温度計の数値は正面から読み、目盛りと目盛りの
　間の場合は、近い方の整数で記録する。

❷ 記録をスプレッドシートに記録させる（第2次 1時間目）

(1) 記録する表を作成

学習者端末で、各自表を作らせる。Googleスプレッドシートを開かせ、新規作成をして、以下の手順で表を作成し、記録させる。

①表題をつくる。

②時刻と気温の欄を作る。

③実際に観測した時刻と気温を打ち込む。

時刻	気温（度）
晴れの日の気温の変化	
9時30分	19
10時30分	20
11時30分	21
12時30分	23
1時30分	24
2時30分	25
3時30分	23

①②表題、時刻と気温の欄を作る

②観測データを打ち込ませる

(2) 表からグラフを作成する

グラフの作り方は101ページ参照。児童に作らせる。グラフは折れ線グラフを選択する。できたグラフを見ながら次のように指示する。

QRコードからワークシートがダウンロードできる。

グラフを見て気が付いたことをノートに書きなさい。

すると、「晴れの日は午後２時ごろの気温が一番高くなること」や「朝や夕方は気温が下がること」に児童は気がつく。

この後、くもりや雨の日でも同じように、昼の気温が高くなるのかを予想する。気温の変化を調

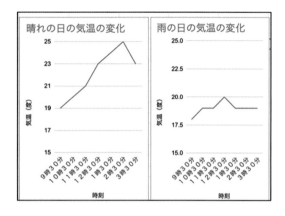

べ、晴れの日と比べる。くもりや雨の日のデータも同様にグラフ化し、気がついたことを交流させる。

❸ 過去の気象データの気温変化も調べる（第４次）

晴れ、くもり、雨の日を１日ずつ調べただけで結論を出すのではなく、他の日も「天気と気温の変化が関係あるのか」をWeb上のデータを調べさせる。

インターネットで「気象庁過去」と検索させる。「気象庁過去の気象データ検索」をクリックし以下の手順で晴れの日の気温の変化のグラフを表示させる（図）。

①住んでいる地域を選択（地点の選択で赤の⑩のところを選択する）。

②年は１年前、月は５月を選択。

③データの種類の中に「○年○月の日ごとの値を表示」

とあるのでそこをクリック。

④右のように、ずらっとデータが出る。表の右端に天気が出ているのでそこで「快晴」か「晴」を探す。

⑤④で見つけた日の日にちの番号をクリックする。

⑥右のように、１日のデータが出る。「グラフ」と「気温」をクリック。

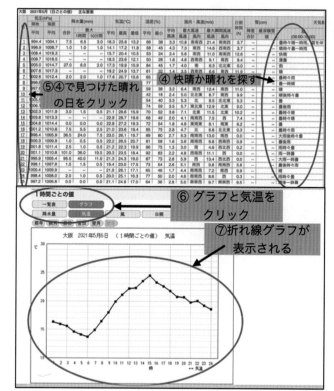

⑦折れ線グラフが表示されるので、14時〜15時ごろが最高気温になっているか確認する。

　他の日においても晴れの日は綺麗な山型の折れ線グラフになっていることが確認できる。くもりや雨の日は気温の変化は少ないこともわかる。

また、自由に調べさせると、晴れのちくもりのような天気のときは、くもりだしてから気温が下がるようなグラフを見ることができる。

　「雨やくもりの日は、気温の変化があまりない」となる。

　過去の天気情報も、じっくり調べ考察でき、理解を深められる。

（藤西　孝）

◎執筆者一覧

関澤陽子	群馬県小学校教諭
尾川智子	福井県小学校教諭
千葉雄二	東京都小学校教諭
松本一樹	栃木県小学校教諭
長田修一	北海道小学校教諭
間　英法	新潟県中学校教諭
家根内興一	大阪府小学校教諭
岡本　純	岡山県小学校教諭
上木信弘	福井県小学校教諭
塩谷直大	北海道小学校教諭
上木朋子	福井県小学校教諭
神原優一	岡山県中学校教諭
蔭西　孝	大阪府小学校教諭

★注記　・執筆者が使用している教科書にあわせて書いてあります。
　　　　　そのため同一単元でも時数や単元構成が異なる場合もあります。
　　　　・紹介しているwebサイトは、執筆時点のものです。

［監修者紹介］

小森栄治 （こもり・えいじ）

1956年埼玉生まれ。1980年東京大学工学系大学院工学系研究科・修士課程修了。
1987年上越教育大学大学院教育研究科・修士課程修了（埼玉県長期派遣研修）。
28年間埼玉県内の公立中学校に勤務し、「理科は感動だ」をモットーにユニークな理科室経営と理科授業を行った。文部科学省、県立教育センター、民間教育研究団体などの委員、講師をつとめる。
2008年理科教育コンサルタント業を開始。理科好きの子どもたちや先生を育てる活動をしている。
主な著書に『「理科は感動だ！」〜子どもたちを理科好きに』/『「理科は感動だ！」〜子どもが熱中する理科授業づくり』以上明治図書/『子どもが理科に夢中になる授業』/『簡単・きれい・感動‼ 10歳までのかがくあそび』以上学芸みらい社 等がある。

［編著者紹介］

関澤陽子 （せきざわ・ようこ）

東京学芸大学卒。
『「理科」授業の新法則3・4年編』、『「理科」授業の腕が上がる新法則』執筆。
『教育トークライン』にて理科関連執筆。
群馬県（館林市立第三）小学校教諭。

学習者端末　活用事例付
理科教科書のわかる教え方 3・4年

2023年1月15日　初版発行

監修者　小森栄治
編著者　関澤陽子
発行者　小島直人
発行所　株式会社学芸みらい社
　　　　〒162-0833　東京都新宿区箪笥町31番　箪笥町SKビル3F
　　　　電話番号 03-5227-1266
　　　　https://www.gakugeimirai.jp/
　　　　E-mail : info@gakugeimirai.jp
印刷所・製本所　藤原印刷株式会社
企　画　樋口雅子
校　正　大場優子
装丁・本文組版　小沼孝至

授業の腕が上がる新法則シリーズ　全13巻

監修：谷 和樹（玉川大学教職大学院教授）

新指導要領対応！

新教科書による「新しい学び」時代、幕開け！
2020年度からの授業スタイルを「見える化」誌面で発信！

4大特徴

| 基礎単元＋新単元をカバー | 授業アイデア＆スキル大集合 |
| 授業イメージ、一目で早わかり | 新時代のデジタル認識力を鍛える |

◆「国語」授業の腕が上がる新法則
村野 聡・長谷川博之・雨宮 久・田丸義明 編
978-4-909783-30-1　C3037　本体1700円（＋税）

◆「社会」授業の腕が上がる新法則
川原雅樹・桜木泰自 編
978-4-909783-32-5　C3037　本体1700円（＋税）

◆「算数」授業の腕が上がる新法則
木村重夫・林 健広・戸村隆之 編
978-4-909783-31-8　C3037　本体1700円（＋税）

◆「理科」授業の腕が上がる新法則※
小森栄治・千葉雄二・吉原尚寛 編
978-4-909783-33-2　C3037　本体2400円（＋税）

◆「生活科」授業の腕が上がる新法則※
勇 和代・原田朋哉 編
978-4-909783-41-7　C3037　本体2400円（＋税）

◆「音楽」授業の腕が上がる新法則
関根朋子 編
978-4-909783-34-9　C3037　本体1700円（＋税）

◆「図画工作」授業の腕が上がる新法則
1〜3年生編※
酒井臣吾・谷岡聡美 編
978-4-909783-35-6　C3037　本体2400円（＋税）

◆「図画工作」授業の腕が上がる新法則
4〜6年生編※
酒井臣吾・上木信弘 編
978-4-909783-36-3　C3037　本体2400円（＋税）

◆「家庭科」授業の腕が上がる新法則
白石和子・川津知佳子 編
978-4-909783-40-0　C3037　本体1700円（＋税）

◆「体育」授業の腕が上がる新法則
村田正樹・桑原和彦 編
978-4-909783-37-0　C3037　本体1700円（＋税）

◆「道徳」授業の腕が上がる新法則
1〜3年生編
河田孝文・堀田和秀 編
978-4-909783-38-7　C3037　本体1700円（＋税）

◆「道徳」授業の腕が上がる新法則
4〜6年生編
河田孝文・堀田和秀 編
978-4-909783-39-4　C3037　本体1700円（＋税）

◆「プログラミング」授業の腕が上がる新法則
許 鍾萬 編
978-4-909783-42-4　C3037　本体1700円（＋税）

各巻A5判並製
※印はオールカラー

激動する社会の変化に対応する教育へのパラダイムシフト ── 谷 和樹

　PBIS（ポジティブな行動介入と支援）というシステムを取り入れているアメリカの学校では「本人の選択」という考え方が浸透しています。その時の子ども本人の心や体の状態によって、できることは違います。それを確認し、あくまでも本人にその時の行動を選ばせるという方法です。これと教科の指導とを同じに考えることはできないかも知れません。しかし、「本人の選択」を可能にする学習サービスが世界的に広がり、増え続けていることもまた事実です。

　また、写真、動画、Webページなど、全教科のあらゆる知識をデジタルメディアで読む機会の方が多くなっているのが今の社会です。そうした「デジタル読解力」について、今の学校のカリキュラムは十分に対応しているとは言えません。

　子どもたち「本人の選択」を保障する考え方、そして幅広い「デジタル読解力」を必須とする考え方を公教育の中で真剣に考える時代が到来しつつあります。

　本書ではこうしたニーズにできるだけ答えたいと思いました。

　本書の読者のみなさんの中から、そうした問題意識をもち、一緒に研究を進めていただける方がたくさん出てくださることを心から願っています。